Günther Krahl · Wolfgang Reuschel
Eckehard Schulz

Lehrbuch des modernen Arabisch

Schlüssel
von Eckehard Schulz

LANGENSCHEIDT · VERLAG ENZYKLOPÄDIE
Leipzig · Berlin · München · Wien · Zürich · New York

Bestandteile des Lehrwerks:

Lehrbuch (Best.-Nr. 00613)
2 Audiocassetten (Best.-Nr. 80423)
Schlüssel (Best.-Nr. 00614)

Auflage: 5. 4. 3. | Letzte Zahl
Jahr: 2000 | maßgeblich

Druck: Druckhaus Langenscheidt, Berlin-Schöneberg
Printed in Germany
ISBN 3-324-00614-7

Schlüssel zum Lehrbuch des modernen Arabisch

Benutzerhinweise

Trotz mancherlei methodischer Bedenken geben wir den Lernenden diesen Schlüssel an die Hand. Er soll vor allem der Kontrolle der zuvor erarbeiteten Lösungen dienen und diejenigen, die nicht ständig auf die Hilfe eines Lektors zurückgreifen können, besser in die Lage versetzen, mit diesem Buch zu arbeiten.

Aufgenommen wurden nur solche Übungen, die nicht mehrere Lösungen zulassen. Die Lösungen für die Lexik-, Grammatik- und Konversationsübungen sind abweichend vom Lehrbuch mit L1, L2; G1, G2 bzw K1, K2 usw. markiert.

Dem Schlüssel vorangestellt wurden eine Reihe Übungen zum Erlernen der arabischen Schrift, bei denen der Rest der Zeile entweder aufgefüllt werden kann, oder aber mit einer über die Seite gelegten Schreibfolie die Buchstaben und Wörter zunächst nur nachgeschrieben werden.

Wir hoffen, mit diesem Schlüssel dem Lehrbuch des modernen Arabisch einen noch größeren Nutzerkreis erschließen zu können und sind für Anregungen und Korrekturen stets dankbar.

Leipzig 1995 Eckehard Schulz

Schreibübungen

أ

إ

ا

آ

بـ

ـبـ

ـب

ب

تـ

ـتـ

ـت

ت

ثـ

ـثـ

ـث

ث

نـ

ـنـ

ـن

ن

بـ

ـبـ

ـي

ي

جـ

ـجـ

ـج

ج

حـ

ـحـ

ـح

ح

خـ

ـخـ

ـخ

خ

د

ـد

ذ

ـذ

ر

ـر

سـ

ـسـ

ـس

س

شـ

ـشـ

ﺷ

ﺶ

ﺻ

ﺼ

ﺺ

ص

ﺿ

ﻀ

ﺾ

ض

ﻃ

ﻄ

ﻂ

ط

ﻇ

ﻈ

ظـ

ظ

عـ

ـعـ

ـع

ع

غـ

ـغـ

ـغ

غ

فـ

ـفـ

ـف

ف

قـ

ـقـ

ـق

ق

كـ

ـكـ

ـك

ك

لـ

ـلـ

ـل

ل

مـ

ـمـ

ـم

م

هـ

ـهـ

ـه

ه

ـو

و

أب

أبا

أنا

أنت

يا

بي

أي

أن

بيت

بين

ابن

بنت

باب

تين

بيننا

بيتي

ثابت

بث

أخ

أخا

نحن

تحت

جع

حاج

جيب

جبن

حب

بخير

حين

حبيب

حبيبي

أحب

نحب

تاج

احتاج

نحتاج

دبر

دار

تدبير

دجاج

دحرج

أدري

تدريب

يدري

ذبذب

رب

ربع

روح

ترتيب

جدد

جديد

بيت

باب

أبواب

حبر

خذ

أو

زجاج

يد

يرى

أرى

رأى

دون

أبو

سين

شين

صاد

ضاد

درس

دروس

صحيح

صحاح

صباح

سبب

شخص

سبع

أسباب

شرب

شرطي

شرح

تشديد

صدر

ضرب

أجاص

إصدار

طرب

طبيب

أظن

أرض

ضد

عين

غين

غدا

في

فوق

صديق

كيف

كرسي

الآن

طالب

ورق

رجل

كل

حق

حقوق

رجال

أوراق

كبير

صغير

نظيف

طويل

طوال

أعطى

يحكي

حال

صباح

الخير

شكرا

عفوا

أنتم

نعم

هذا

هذه

هل

من

ماذا

مع

جميع

هنا

هناك

معلِّم

معلِّمون

طاولة

خزانة

مصباح

غرفة

قلم

مدينة

اسم

فتاة

هات

شنطة

قديم

ترجم

اسمع

مرحبا

السلام

مرة

مهم

مهمة

مهام

Lektion 2

Ü 1

البيت (هو)

الغرفة (هي)

الجلوس (هو)

النوم (هو)

الأخت (هي)

المطبخ (هو)

الحمام (هو)

الحديقة (هي)

الأب (هو)

المعلّم (هو)

الأم (هي)

الطبيبة (هي)

الطالبة (هي)

الطالب (هو)

الطاولة (هي)

الكرسي (هو)

السرير (هو)

الخزانة (هي)

الراديو (هو)

الجهاز (هو)

الفيديو (هو)

التلفزيون (هو)

المصباح (هو)

الشبّاك (هو)

Ü 3

البيت، الجدار، الغرفة، الجلوس، النوم، المطبخ، الحمام، الحديقة، الطاولة، الكرسي، السرير، الخزانة، الراديو، الفيديو، الجهاز، التلفزيون، المصباح، الشبّاك، القلم، الشنطة، اللوح، الورق، السقف، الأرض

Ü 12

أنا في البيت. القلم في/على/تحت الشنطة. الحديقة أمام البيت. فاطمة عند الصديق. أحمد في المطبخ. الورق في / على/تحت الشنطة. الطاولة في الغرفة. الراديو في/على الخزانة. محمّد عند الأم. الطالب عند المعلّم. الكرّاسة في/على الشنطة. أحمد في باريس. الأب في القاهرة. اللوح على الجدار. الكرسي تحت/على الطاولة. الورق على/تحت الطاولة .

Ü 13

هو معلّم. أنا طالب. هو الأب. أنت الصديق. أنت الرجل. هو السيّد.

Ü 14

هي معلّمة. أنتِ الطالبة. هي المعلّمة. أنتِ طبيبة. هي الطالبة. هي الصديقة. هي الآنسة. هي السيّدة.

Ü 15

الشبّاك كبير. المصباح جميل. اللوح صغير. البيت كبير. الرجل صغير. القلم جميل. الطالب كبير. الكتاب صغير. الراديو كبير. السرير صغير. الأب جميل. النوم جميل. الجلوس جميل. المعلّم صغير. الطالب كبير. الكرسي صغير. الصباح جميل.

Ü 16

الغرفة صغيرة. الشنطة صغيرة. الطاولة كبيرة. الكرّاسة جميلة. الخزانة كبيرة. الطالبة صغيرة. الفتاة جميلة. المدينة كبيرة. القاهرة كبيرة. الأم صغيرة. الكرّاسة صغيرة. الحديقة كبيرة.

Ü 17

الطاولة جديدة والكرسي قديم.

الطالب طويل والطالبة صغيرة.

الغرفة نظيفة واللوح وسخ.

Ü 18

هو جديد. هو قديم. هي كبيرة. هو صغير. هي جميلة. هي نظيفة. هي وسخة. هو طويل. هو صغير. هو قصير. هي جديدة. هو نظيف. هي وسخة. هو صغير. هي قديمة. هي كبيرة. هو جميل. هو صغير .

Ü 30

أنا كبير/طويل. هو طالب. الشنطة جديدة. الغرفة كبيرة. الأم طبيبة. هي طالبة. عندي جهاز فيديو ياباني. عندك حديقة كبيرة. عندك شنطة جميلة. أحمد طالب. الطاولة قديمة. المصباح جديد. هو في المطبخ. الشبّاك نظيف. اللوح وسخ. الأب معلّم.

Komplexübung:

1.

1.	أنا	6.	صباح
2.	طالب	7.	الخير
3.	ألماني	8.	كيف
4.	السلام	9.	حالك
5.	عليكم	10.	الحمد لله

2. Ich bin ein deutscher Student. Friede sei mit Euch. Guten Morgen. Wie geht es dir? Danke, gut.

3.

الطاولة كبيرة. الشنطة قديمة. الطالب جديد. اللوح وسخ. عندكِ شنطة. عندكَ بيت. هو في المطبخ. الأب معلّم. الأم طبيبة. الشبّاك قديم. أنا طالب. أمام البيت حديقة. عندي سرير ومصباح وراديو. المصباح قديم.

4.

هي كبيرة. هو جميل. هو صغير. هو قصير. هي جميلة. هي وسخة. هي قديمة. هي أمام البيت. هي جديدة.

5.

الجدار كبير. السرير صغير. السقف صغير. الحرف كبير. الجهاز صغير. المصباح كبير. الصديق صغير. الحمام كبير. الطاولة كبيرة. الورق صغير. الكتاب كبير. الكرّاسة كبيرة. الكرسي صغير. المدينة كبيرة. اللوح صغير. الغرفة كبيرة. القمر صغير. الشمس كبيرة. الشبّاك كبير. الباب كبير. البيت صغير .

6.

لا، عندي بيت قديم.

لا، عندي قلم طويل.

لا، عندي غرفة صغيرة.

لا، عندي لوح وسخ.

7.

الكتاب على/تحت الطاولة. المعلّم في الغرفة. هو في/أمام البيت. عند الصديق.

8. *aṭ-ṭālib, al-ḫizāna, al-muᶜallim, allāh, aš-šams, al-ḥamdu li-llāhi, maᶜa s-salāma, aṣ-ṣadīq*

Lektion 3

Ü 11

هنا كتاب جديد.

هناك بيوت جديدة .

في الشنطة أقلام كثيرة.

في الغرفة خزانة كبيرة.

في الخزانة راديو جديد.

على السقف مصباح كبير.

على الطاولة كتب صغيرة.

على الجدار ألواح وسخة.

في البيت غرف كثيرة .

Ü 14

البيت الصغير، الشنطة الجديدة، الشنطات الجديدة، القلم الكبير، الأقلام الصغيرة، الكرسي الجديد، الطاولة الكبيرة، الطاولات الكبيرة، الغرفة الجميلة، الطالبة الجميلة، الطالبات الجميلات، الصديقة الجديدة، الصديقات الجديدات

Ü 18

العاصمة السورية هي دمشق. العاصمة اللبنانية هي بيروت. العاصمة العراقية هي بغداد. العاصمة المصرية هي القاهرة. العاصمة اليمنية هي صنعاء. العاصمة السعودية هي الرياض. العاصمة التونسية هي تونس. العاصمة الجزائرية هي الجزائر. العاصمة المغربية هي الرباط. العاصمة الليبية هي طرابلس. العاصمة السودانية هي الخرطوم. العاصمة العمانية هي مسقط. العاصمة الكويتية هي الكويت .

Ü 21

في المدينة

المدينة صغيرة وقبيحة. توجد في المدينة بيوت كبيرة كثيرة وبيوت صغيرة قليلة. الشوارع وسخة وقصيرة وفي الشوارع سيّارات قليلة وتوجد في المدينة محطّة وفي المحطّة قطارات وأمام المحطّة باصات ومخازن ومحلاّت قليلة مثلاً للسيّارات وللملابس وللكمبيوتر ومخابز ودكاكين للخضراوات وللمشروبات ومكتبات.

وفي المدينة مطار صغير وقديم وفي المطار طائرات من بلدان قليلة مثلاً من مصر وسوريا واليمن والسعودية والعراق وتونس والجزائر والمغرب وليبيا والسودان وعمان والإمارات والكويت. أنا من هذه المدينة وأنا طالب في الجامعة.

Ü 22

Das Haus ist neu. Dort gibt es viele Busse. Ich bin in dem kleinen Buchgeschäft / der kleinen Bibliothek. Die Station ist in der Stadt. Die Städte sind groß. Die fleißigen Studentinnen sind in der Universität. Dort gibt es Gemüse und Obst. Ich gehe zum Markt. Hier auf dem Flugplatz sind viele

Flugzeuge. Die Butter, der Honig, die Milch, der Saft, der Käse und die Eier sind im Kühlschrank. Der Kaffee, der Tee und der Zucker sind auf dem Tisch. Dort sind Flugzeuge aus den Emiraten, aus Tunesien, Algerien, Saudi-Arabien, Sudan, Irak, Oman, Marokko, Kuweit, Libyen, Syrien, Ägypten und Jemen.

Komplexübung:

1.

1. كيف حالك؟
2. بخير.
3. وكيف حالك؟
4. أين الفطور؟
5. هو في البرّادة.
6. أين المشروبات؟
7. هي على الطاولة .
8. مع السلامة

2.

Wie geht es dir? Gut. Und wie geht es dir? Wo ist das Frühstück? Es ist im Kühlschrank. Wo sind die Getränke? Sie sind auf dem Tisch. Auf Wiedersehen.

3.

رجال طوال، صديقات جميلات، معلّمون جدد، أقلام جديدة، سيّدات جديدات، سادة كبار، شنط/ شنطات صغيرة، مدارس كبيرة، برّادات صغيرة، آنسات جميلات، شوارع وسخة، قطارات قديمة، محطّات جديدة، باصات صغيرة، كتب جديدة، طائرات لبنانية، مطارات كبيرة، أيام كثيرة، بيوت صغيرة، طاولات طويلة، أسواق عربية، مدن تونسية، سيّارات يابانية، مخازن قليلة، دكاكين صغيرة، بلدان كثيرة، جامعات سعودية، طلاّب عرب، طالبات يمنيات، كرّاسات / كراريس جديدة، كراسيٌّ قديمة، أكلات مغربية

4.

رجال كبار، طلاّب جميلون، أطبّاء صغار، عرب قدماء، إخوة نظفاء، طلاّب كثيرون، رجال طوال، طلبة قصار، طلاّب مجتهدون، معلّمون جدد، أطبّاء جيّدون، رجال قليلون، أطبّاء عظماء

5.

الطلاّب جدد. المعلّمات جميلات. هناك رجال كثيرون. الشنطات جديدة. المشروبات الجديدة في البرّادة. الطائرات الكبيرة من الكويت. الملابس الجديدة من تونس.

6.

مرحباً/ مرحباً بك. صباح الخير / صباح النور. مساء الخير / مساء النور. كيف حـالك ؟ / الحمد لله. مع السلامة / مع السلامة.

7. *bābā, imāra, ṭā'ira, al-ǧubna, al-ǧazā'ir, maḥaṭṭa, maḥall, dukkān, sayyāra, sukkar, muǧtahid, ḫaḍrāwāt, ᶜuẓamā', ᶜasal, šawāriᶜ, madāris*

9.

طاولـة كبـيرة – الطـاولات كبـيرة. / بيـت صغـير – البيـوت صغـيرة. / طالبـة مجتهـدة – الطالبات مجتهدات. / رجل عظيم / كبير/ طويل – الرجال عظماء / كبار/ طوال. / شنطة قديمة – الشنط / الشنطات قديمة.

Lektion 4

L 2

ع ل م / ط ل ب / ص د ق / خ ز ن / ص ب ح / ش ب ك / ج د ر / غ ر ف / ل و ح / ك ت ب / ك رس / و ر ق / س ي ر / ق ط ر / خ ز ن / م د ن

L 3

طاولات، معلّمـات، شـبابيك، أبـواب، كرّاسـات/ كراريـس، كتـب، رجـال، معلّمـون، طلاّب، أقلام، كراسيُّ، مصابيح، مخازن، سيّارات، قطارات، فتيات.

L 5

ذهبت مع الصديق إلى هناك.

رأيت الأصدقاء في/أمام المحطّة.

اشتريت الكراريس من المخزن.

هل ذهبت من المحطّة إلى البيت؟

هل ذهبت إلى هناك بالسيّارة أم بالقطار؟

ماذا يوجد على الطاولة؟

ماذا يوجد في/على الخزانة؟

هل توجد أمام البيت سيّارات كثيرة؟

G 2

هناك مدن جميلة.

في البيت غرف كبيرة.

الجدران نظيفة.

الألواح كبيرة.

الأصدقاء في الغرفة.

في الغرفة أبواب.

على الطاولة شنط.

الدروس جديدة.

هناك مخازن جديدة.

في المدينة محطّات.

في المحطّة قطارات.

هنا فتيات جميلات.

G 4

هناك مدن جميلة.

في البيت غرف كبيرة.

الجدران القديمة نظيفة.

الألواح الجديدة كبيرة.

الأصدقاء الجدد في الغرفة.

في الغرفة أبواب كثيرة.

على الطاولة شنط قديمة.

الدروس العربية جديدة.

هناك مخازن جديدة.

في المدينة محطّات كثيرة.

في المحطّة قطارات قليلة.

هنا فتيات جميلات.

G 14

رأيت البيوت القديمة.

هل رأيت الفتاة الجميلة؟

هل رأيت المعلّمين الجدد؟

هلِ اشتريت الكتب الكثيرة؟

اشتريتُ الأقلام الجديدة.

اشتريتُ السيّارة القديمة.

رأيتُ في الطريق البيوت الكثيرة.

اشتريتُ القاموس والورق والأقلام والحبر.

رأيتُ في الشنطة الجلدية الكتاب والممحاة والمسطرة.

هل اشتريت المشروبات والجبنة والمربى والعسل؟

هل رأيت الكمبيوترات الكثيرة في الدكّان؟

هل كتبت الروايات؟

هل كتبت القاموس؟

Komplexübung:

1.

درس = فَعْل، بيت = فَعْل، شمس = فَعْل، قمر = فَعَل، ورق = فَعَل، قطار = فِعال، كتاب = فِعال، جهاز = فِعال، صباح = فَعال، سلام = فَعال، حبر = فِعْل، مصر = فِعْل، شجرة = فَعَلَة، كاتب = فاعِل، طالب = فاعِل، طالبة = فاعِلَة، عائلة = فاعِلَة، فاطمة = فاعِلَة، شنطة = فَعْلَة، غرفة = فُعْلَة، سيّارة = فَعّالَة، كبير = فَعِيل، صغير

= فَعِيل، وسخ = فَعِل، طبيب = فَعِيل، صديق = فَعِيل، مطبخ = مَفْعَل، مكتب = مَفْعَل، لوح = فَعْل، مدينة = فَعِيلَة، شبّاك = فُعّال، دكّان = فُعّال

2.

ك ت ب، د ر س، س ط ر، ك ت ب، ش ط ر، ط ر ق، ح ط ط، ك ب ر، ش ج ر، ك ر س

3.

ذهبت إلى المحطّة بالباص. توجد في الغرفة كراسيٌّ كثيرة. كتبت على الورق الجديد. الشنطة على/تحت الطاولة. أحمد عند المعلّم. ذهبت إلى المكتبة. رأيت في البرّادة مشروبات كثيرة. المحطّة أمام الأشجار. ذهبت من شارع القاهرة إلى اليسار ومن المحلّ الكبير إلى اليمين. إشتريت من المكتبة كتباً. ذهبت من البيت إلى المدينة بالسيّارة. ذهبت من اليسار إلى اليمين ومن هناك إلى المحطّة.

4.

رأيت قطاراً جديداً. اشتريت كتباً وأقلاماً جديدة. رأيت في البرّادة جبنة وزبدة وخبزاً ومربى وحليباً وفواكه. اشتريت قاموساً وحبراً وممسحة. ذهبت إلى المدينة. المحطّة تحت الأشجار الكبيرة. توجد في المدينة بيوت صغيرة قليلة و(بيوت)كبيرة كثيرة. توجد في المطار طائرات من مصر واليمن وسوريا وتونس والعراق والجزائر وليبيا والإمارات .

5.

بيتٌ جديدٌ، في بيوتٍ جديدةٍ، قطاراتٌ جديدةٌ، مع المعلّمِ الجديدِ، المعلّماتُ الجديداتُ، رجالٌ جددٌ، على الأوراقِ الجديدةِ، كراسيٌّ جديدةٌ، مع المشروباتِ الجديدةِ، أمام المخازنِ الجديدةِ، بالسيّارةِ الجديدةِ، في الجامعاتِ الجديدةِ، أمام المحطّةِ الجديدةِ، في المكتباتِ الجديدةِ، مع الطالباتِ الجديداتِ، الأصدقاءُ الجددُ، باصاتٌ جديدةٌ، شارعٌ جديدٌ، في الطائراتِ الجديدةِ، إلى الشجرةِ الجديدةِ، في الروايةِ الجديدةِ، في الأسرّةِ الجديدةِ، على الأجهزةِ الجديدةِ

6.

فاعِل : طالب، شارع، كاتب

مفْعلة : مكتبة، مدرسة

فِعال : كتاب، جهاز، جدار، العراق، قطار

فعْل : بيت، درس، سقف، حرف، شمس، يوم، لوح، أرض، خير

فِعالة : خزانة، دراسة، رواية، كتابة

فِعْل : مصر، حبر، جلد

Lektion 5

L 1

وصل المعلّم. وصل المعلّمون. وصل الطلاّب. وصلت الفتاة.

وصلت الفتيات. وصلت الوفود. وصل الرجال. وصلت المعلّمات.

وصل الوفد. وصل الصديق. وصل الأصدقاء. وصل محمّد.

L 2

المعلّم وصل. المعلّمون وصلوا. الطلاّب وصلوا. الفتاة وصلت.

الفتيات وصلن. الوفود وصلت. الرجال وصلوا. المعلّمات وصلن.

الوفد وصل. الصديق وصل. الأصدقاء وصلوا. محمّد وصل.

L 3

ذهب الصديق إلى البيت. ذهب الأصدقاء إلى الفندق. ذهبت الفتيات إلى الأصدقاء. ذهبت الفتاة إلى الصديقة. ذهب الطالب إلى المعلّم. ذهب الطلاّب إلى الغرفة. ذهب السياسيون إلى الاجتماع. ذهب الرجال إلى المحطّة. ذهبت الطالبات إلى المخزن. ذهب أحمد إلى المطار.

L 4

(الطالب) وضع الكتاب في الخزانة. (المعلّمة) وضعت القلم على الطاولة.(أنا) وضعتُ المصباح على الكرسي. (أنت) وضعتَ المصباح على الأرض. (نحن) وضعنا الخزانة في الغرفة. (هي) وضعت الكتب في الشنطة.

L 6

كتبَ الرسالةَ صديقٌ عربيّ. كتبتُ للصديقِ رسالةً. كتبتَ رسالةً للصديقِ. قرأتُ كتاباً جديداً. وصلَ الوفدُ إلى المطارِ. اشتريتُ القلمَ منَ المخزنِ. اشتريتُ منَ المخزنِ قلماً جديداً. ذهبَ الوفدُ إلى الفندقِ .عقدتِ الوفودُ العربيةُ اجتماعاً. عقدتِ الوفودُ اجتماعاتٍ كثيرةً. ذهبوا إلى الفندقِ. وضعتُ الكتابَ على الطاولةِ. وضعنا الكتبَ في الخزانةِ. شربنا النبيذَ مع الأصدقاءِ. سمعتُ أخباراً جديدةً. فعلَ ذلكَ صديقٌ. رأينا فتياتٍ جميلاتٍ. يوجدُ المصباحُ على السقفِ. توجدُ الكراسيُّ والطاولةُ على الأرضِ. يوجدُ اللوحُ على الجدارِ. وصلتِ الوفودُ منَ البلدانِ العربيةِ.

L 7

من كتب الرسالة؟ لمن كتبت رسالة؟ ماذا قرأت؟ إلى أين وصل الوفد؟ من أين اشتريت القلم؟ من أين اشتريت قلماً جديداً؟ إلى أين ذهب الوفد؟ ماذا عقدت الوفود العربية؟ ماذا عقدت الوفود؟ إلى أين ذهبوا؟ ماذا وضعت على الطاولة؟ ماذا وضعتم في الخزانة؟ مع من شربتم النبيذ؟ ماذا سمعت؟ من فعل ذلك؟ من رأيتم؟ أين يوجد المصباح؟ أين توجد الكراسيُّ والطاولة؟ أين يوجد اللوح؟ من أين وصلت الوفود؟

L 8

العلاقات التجارية، الكتاب المدرسي، الإجتماع السياسي، الكتب العربية، العلاقات السياسية، الطالب العراقي، الطلاّب الجزائريون، المعلّمون اللبنانيون، الأرض العربية، الجمهورية العربية، الحروف الشمسية، الحروف القمرية.

G 2

هل كتبت الرسالة؟ هل كتبت رسالة؟ هل كتبت رسائل؟ هل سمعت الخبر؟ هل سمعت الأخبار؟ هل سمعت أنّ الوفد العراقي وصل إلى برلين؟ هل عرفت الرجل؟ هل عرفت الفتاة؟ هل عرفت أنّ الطالب ذهب إلى هناك؟ هل عرفت أنّ الطلاّب ذهبوا إلى البيت؟ هل قرأت الخبر؟ هل قرأت الأخبار؟ هل قرأت أنّ الوفد (السوري، العراقي، الجزائري، السعودي، الكويتي، المصري) وصل إلى برلين؟ هل قرأت الرسالة؟ هل قرأت الرسائل؟ هل وصلت إلى هناك؟ هل وصلت إلى برلين؟ هل ذهبت إلى الفندق؟ هل ذهبت إلى هناك؟ هل

ذهبت إلى الصديق؟ هل ذهبت إلى المعلّم؟ هل رأيت الفتيات؟ هل اشتريت السيّارة؟ هل سافرت بالقطار؟ هل شربت الشاي؟ هل سألت المعلّم؟ هل أكلت الخبز؟ هل شربت القهوة؟ هل سألت الأم؟ هل عملت في البيت؟ هل عملت في المخزن؟ هل عقدت اجتماعاً؟

G 3

هل كتبتم الرسالة؟ هل كتبتم رسالة؟ هل كتبتم رسائل؟ هل سمعتم الخبر؟ هل سمعتم الأخبار؟ هل سمعتم أنّ الوفد العراقي وصل إلى برلين؟ هل عرفتم الرجل؟ هل عرفتم الفتاة؟ هل عرفتم أنّ الطالب ذهب إلى هناك؟ هل عرفتم أنّ الطلاّب ذهبوا إلى البيت؟ هل قرأتم الخبر؟ هل قرأتم الأخبار؟ هل قرأتم أنّ الوفد (السوري، العراقي، الجزائري، السعودي، الكويتي، المصري) وصل إلى برلين؟ هل قرأتم الرسالة؟ هل قرأتم الرسائل؟ هل وصلتم إلى هناك؟ هل وصلتم إلى برلين؟ هل ذهبتم إلى الفندق؟ هل ذهبتم إلى هناك؟ هل ذهبتم إلى الصديق؟ هل ذهبتم إلى المعلّم؟ هل رأيتم الفتيات؟ هل اشتريتم السيّارة؟ هل سافرتم بالقطار؟ هل شربتم الشاي؟ هل سألتم المعلّم؟ هل أكلتم الخبز؟ هل شربتم القهوة؟ هل سألتم الأم؟ هل عملتم في البيت؟ هل عملتم في المخزن؟ هل عقدتم اجتماعاً؟

G 4

هل كتب الرسالة؟ هل كتب رسالة؟ هل كتب رسائل؟ هل سمع الخبر؟ هل سمع الأخبار؟ هل سمع أنّ الوفد العراقي وصل إلى برلين؟ هل عرف الرجل؟ هل عرف الفتاة؟ هل عرف أنّ الطالب ذهب إلى هناك؟ هل عرف أنّ الطلاّب ذهبوا إلى البيت؟ هل قرأ الخبر؟ هل قرأ الأخبار؟ هل قرأ أنّ الوفد (السوري، العراقي، الجزائري، السعودي، الكويتي، المصري) وصل إلى برلين؟ هل قرأ الرسالة؟ هل قرأ الرسائل؟ هل وصل إلى هناك؟ هل وصل إلى برلين؟ هل ذهب إلى الفندق؟ هل ذهب إلى هناك؟ هل ذهب إلى الصديق؟ هل ذهب إلى المعلّم؟ هل سافر بالقطار؟ هل شرب الشاي؟ هل سأل المعلّم؟ هل أكل الخبز؟ هل شرب القهوة؟ هل سأل الأم؟ هل عمل في البيت؟ هل عمل في المخزن؟ هل عقد اجتماعاً؟

G 5

هل كتبت الرسالة؟ هل كتبت رسالة؟ هل كتبت رسائل؟ هل سمعت الخبر؟ هل سمعت الأخبار؟ هل سمعت أنّ الوفد العراقي وصل إلى برلين؟ هل عرفت الرجل؟ هل عرفت الفتاة؟ هل عرفت أنّ الطالب ذهب إلى هناك؟ هل عرفت أنّ الطلاّب ذهبوا إلى البيت؟ هل قرأت الخبر؟ هل قرأت الأخبار؟ هل قرأت أنّ الوفد (السوري، العراقي، الجزائري، السعودي، الكويتي، المصري) وصل إلى برلين؟ هل قرأت الرسالة؟ هل قرأت الرسائل؟ هل وصلت إلى هناك؟ هل وصلت إلى برلين؟ هل ذهبت إلى الفندق؟ هل ذهبت إلى هناك؟ هل ذهبت إلى الصديق؟ هل ذهبت إلى المعلّم؟ هل سافرت بالقطار؟ هل شربت الشاي؟ هل سألت المعلّم؟ هل أكلت الخبز؟ هل شربت القهوة؟ هل سألت الأم؟ هل عملت في البيت؟ هل عملت في المخزن؟ هل عقدت اجتماعاً؟

G 6

هل كتبوا الرسالة؟ هل كتبوا رسالة؟ هل كتبوا رسائل؟ هل سمعوا الخبر؟ هل سمعوا الأخبار؟ هل سمعوا أنّ الوفد العراقي وصل إلى برلين؟ هل عرفوا الرجل؟ هل عرفوا الفتاة؟ هل عرفوا أنّ الطالب ذهب إلى هناك؟ هل عرفوا أنّ الطلاّب ذهبوا إلى البيت؟ هل قرؤوا الخبر؟ هل قرؤوا الأخبار؟ هل قرؤوا أنّ الوفد (السوري، العراقي، الجزائري، السعودي، الكويتي، المصري) وصل إلى برلين؟ هل قرؤوا الرسالة؟ هل قرؤوا الرسائل؟ هل وصلوا إلى هناك؟ هل وصلوا إلى برلين؟ هل ذهبوا إلى الفندق؟ هل ذهبوا إلى هناك؟ هل ذهبوا إلى الصديق؟ هل ذهبوا إلى المعلّم؟ هل سافروا بالقطار؟ هل شربوا الشاي؟ هل سألوا المعلّم؟ هل أكلوا الخبز؟ هل شربوا القهوة؟ هل سألوا الأم؟ هل عملوا في البيت؟ هل عملوا في المخزن؟ هل عقدوا اجتماعاً؟

G 7

سمعت أنّ الغرفة جميلة. عرفت أنّ البيت قديم. قرأنا أنّ المعلّم طويل. سمعت أنّ الوفود وصلت أمس. هل عرفت أنّ الوفد وصل إلى المطار؟ سمعت أنّ الوفود عقدت اجتماعاً. هل سمعتم أنّ الأصدقاء سافروا إلى برلين؟ سمعت أنّ العلاقات التجارية جيّدة. هل سمعتم أنّ

الأصدقاء العرب ذهبوا إلى هناك. هل عرفت أنّ الصديقة وصلت إلى المحطّة. قرأنا أنّ وفوداً كثيرة وصلت.

K 1

عاصمةُ ... هي فينا / أمستردام / لندن / باريس / وارسو / موسكو / بودابست / هلسنكي / كوبنهاغن / أوسلو / استكهولم / بروكسل / مدريد / لشبونه

Komplexübung:

1.

وصلت الصديقة. وصلت الوفود. وصل الرجال. وصل أحمد إلى المطعم. وصل المعلّمون. وصل البرنامج. وصلت الطالبات إلى المرقص. وصل السياسي إلى سويسرا .

2.

سمعت أنّ الرجال شربوا العصير. كتب أحمد أنّ الطالبات شربن الشاي. شرب الأصدقاء القهوة مع السكّر. عرفت أنّ المعلّمات شربن العصير في الفندق. سمعت أنّ مريم شربت كوكا في الصباح. سمعت أنّ الطلاّب شربوا المشروبات. كتب أحمد أنّ محمّداً شرب القهوة مع العصير .

3.

جمهورية عربية، حروف شمسية، طالب جزائري، اِجتماع سياسي، معلّمون لبنانيون، كتب عراقية، أرض عربية، كتاب مدرسي، علاقات سياسية

4.

هل عملوا في المخزن؟ هل وصلوا إلى الفندق؟ هل وضعوا الكتاب تحت الشنطة؟ هل سمعوا خبراً جيّداً؟ هل سألوا عن الطريق؟ هل عملوا في الشركة الفرنسية؟ هل رقصوا في المرقص؟ هل سألوا عن معالم المدينة؟ هل كتبوا رسالة طويلة؟ هل أكلوا في المطعم طعاماً شرقياً؟ هل سمعوا أنّ فاطمة تعبانة؟ هل وضعوا الجبنة على الطاولة؟

Sie haben im Geschäft gearbeitet. Sie sind im Hotel angekommen. Sie haben das Buch unter die Tasche gelegt. Sie haben eine gute Nachricht gehört. Sie haben nach dem Weg gefragt. Sie haben in der französischen Firma gearbeitet. Sie haben in der Tanzbar getanzt. Sie haben nach den Sehenswürdigkeiten der Stadt gefragt. Sie haben einen langen Brief geschrieben. Sie haben im

Restaurant ein orientalisches Gericht gegessen. Sie haben gehört, daß Fatima müde ist. Sie haben den Käse auf den Tisch gelegt.

5.

مساء الخير. كيف حالك؟ شكراً، الحمد لله وكيف حالك؟ شكراً، الحمد لله. أين كنت أمس؟ كنت مع أحمد في الجامعة في كلية الطب. ماذا فعلت هناك؟ قرأت كتباً وشربت الشاي في المطعم. ماذا فعلت في المساء؟ في المساء ذهبت مع أحمد إلى الديسكو. ماذا فعل أحمد في فرنسا؟ كتب رسائلَ كثيرة وعقد اجتماعات مع شركات فرنسية .

6.

أفعال : أبواب / أقلام / أغلاط / ألمان / أعداد / أتراك / أعمال / أفكار / أشجار / أشياء / أوطان / أخبار

فواعل : عواصم / فواكه / شوارع

7.

الجملة الاسمية، الجملة الفعلية، الماضي، العدد، المفرد، الجمع، مذكّر، مؤنّث

Lektion 6

L 4

غرفتك الجديدة، معلّمكم الجديد، أصدقاؤنا الجدد، كتبنا الجديدة، سيّارته الجديدة، بسيّارته الجديدة، في فندقنا الجديد، أمام مسرحنا الجديد، صديقتي الجديدة، مرافقكم الجديد، في مطارهم الجديد، سياستهم الجديدة، مدرستك الجديدة، جامعتها الجديدة، مخزنه الجديد

L 5

سافر صديقنا إلى برلين (دمشق، بيروت، بغداد، الجزائر) اليوم.

ذهبت إلى الجامعة (المسرح، المحطّة، بيتي، بيته، هناك) في الصباح.

عقد الوفد اجتماعه مساءً.

شربت الشاي مع أصدقائي (مع أصدقائي العرب، مع أصدقائي الأجانب) مساءً.

كتبنا رسالتنا ظهر الأمس.

اشتريت الكتب (الكتاب، الشنطة، الكراريس، السيّارة) صباحاً.

رأيت الأصدقاء (الوفد، أعضاء الوفد، مرافقكم) ظهراً.

حضرنا الحفلة مساءً.

سمعت الخبر امس.

عرفت ذلك اليوم.

فعلوا ذلك مساء الأمس.

سافروا إلى سوريا (العراق، مصر، تونس، ...) صباح الأمس.

L 6

ك ت ب / س ر ح / د ر س / ر ك ز / ر ق ص / ك ت ب / ط ع م / ح ط ط / ط ب خ / ط ي ر / خ ز ن / ع ل م / و ظ ف / د ر س / ح ض ر / ر ف ق / ص ب ح / م ح و / س ط ر / ط ل ب / ت ج ر / ك ت ب

G 1

باب البيت، أبواب البيت، جدار البيت، جدران البيت، شبابيك البيت، غرف البيت

أبواب الغرفة، جدار الغرفة، جدران الغرفة، شبابيك الغرفة، سقف الغرفة، أرض الغرفة

كتاب الصديق، كتب الصديق، غرفة الصديق، بيت الصديق، سيّارة الصديق، شنطة الصديق

كتب محمّد، بيت محمّد، غرفة محمّد، سيّارة محمّد، شنطة محمّد، قلم محمّد

أقلام الصديقة، بيوت الصديقة، سيّارة الصديقة، رسائل الصديقة، كتب الصديقة

مسرح المدينة، مسارح المدينة، جامعة المدينة، شوارع المدينة، مخازن المدينة، محطّة المدينة

مدارس العاصمة، محطّات العاصمة، معالم العاصمة، جامعات العاصمة، مخازن العاصمة

عضو الوفد، أعضاء الوفد، مرافق الوفد، مرافقو الوفد، رئيس الوفد، سيّارة الوفد

G 2

باب بيته، أبواب بيتنا، جدار بيتي، جدران بيتكم، شبابيك بيتها، غرف بيتهن، أبواب غرفتي، جدار غرفتنا، جدران غرفتكم، شبابيك غرفتهم، سقف غرفتك، أرض غرفته

كتاب صديقه، كتب صديقي، غرفة صديقها، بيت صديقنا، سيّارة صديقكم، شنطة صديقكن

أقلام صديقتي، بيوت صديقته، سيّارة صديقتنا، رسائل صديقتهم، كتب صديقته

مسرح مدينتي، مسارح مدينتنا، جامعة مدينته، شوارع مدينتكم، مخازن مدينتها، محطّة مدينتهم

مدارس عاصمتها، محطّات عاصمتنا، معالم عاصمتكم، جامعات عاصمته، مخازن عاصمتنا

G 3

رأيت باب بيته. رأيت أبواب بيتنا. رأيت جدار بيتي. رأيت جدران بيتكم. رأيت شبابيك بيتها. رأيت غرف بيتهن .

رأيت أبواب غرفتي. رأيت جدار غرفتنا. رأيت جدران غرفتكم. رأيت شبابيك غرفتهم. رأيت سقف غرفتك. رأيت أرض غرفته .

G 4

سافر إليها.	وصل الوفد إليه.
توجد الكتب عليها.	قلت لهم: مع السلامة.
كتب له رسالة.	ذهبوا إليهم.
كتبت لها رسالة.	يوجد اللوح عليه.
قلت له: صباح الخير.	ذهبنا إليه.
وصلت القطارات إليها.	سلّم عليهم!

G 5

في مسرحنا الجميل، في جامعتنا القديمة، في سيّارته الجديدة، مع صديقتي الجديدة، مع أصدقائك العرب، مع وفدهم التجاري، مع حكومتنا القديمة، مع صديقاتهن السوريات، في جامعاتكم الجديدة، في مطارنا الكبير، في كرّاسته الصغيرة، مع مرافقهم الألماني، مع وفودنا الأجنبية، في اجتماعاتكم الطويلة

Komplexübung:

1.

أعضاء الوفد، مرافق الوفد، رئيس الوفد، سيّارة الوفد، اِجتماع الوفد، سياسيو الوفد، غرف الوفد

مسارح مدينة، شوارع مدينة، جامعة مدينة، دكاكين مدينة، مدارس مدينة، فندق مدينة، محطّات مدينة

شنطات المعلّمين، كتب المعلّمين، اِجتماعات المعلّمين، رسائل المعلّمين، معلّمو المعلّمين، مرقص المعلّمين، مطعم المعلّمين

موظّفو الحكومة، مرضى الحكومة، عمل الحكومة، وفود الحكومة، سياسيو الحكومة، أطّباء الحكومة، مكاتب الحكومة

غرف بيته، جدران بيته، أبواب بيته، شبابيك بيته، حديقة بيته، بلكون بيته

2.

عنوان صديقتي القديم / العنوان القديم لصديقتي، المكتب القديم للرئيس الجديد، مكتب من مكاتب الموظّف، ملك من ملوك العالم العربي، بيت من البيوت الجميلة في المدينة، للمدينة، رئيس الوفد العربي وأعضاؤه، شنطة المعلّم الجديدة، مسرح من المسارح الجديدة في العاصمة / للعاصمة، معالم سوريا الكثيرة، موظّفو مكتب السفر ورؤساؤه، شركات العائلة الملكية الكثيرة، عضو من أعضاء الوفد، مكاتب موظّفي مكتب السفر، سيّارة طالب عربي، مسرح المدينة وبيوتها، محاضرو جامعة العاصمة وطلاّبها، تحيات الصديق الخالصة، مسرحيات مسرح المدينة الجديدة / المسرحيات الجديدة لمسرح المدينة

3.

ذهبوا إليها. كتبوا أسماءهم عليها. رأيته عليها. وضعت الأوراق عليها. سافرنا إليهم. سلّم عليهن ! وصلوا إليها. كتبنا حروفاً عربية عليه .شكرتهم عليها. وصلنا إليه .

4.

عزيزتي مريم

تحية طيبة وبعد

كيف حالك؟ كيف فاطمة؟

عندي عمل كثير. الدراسة صعبة وعندي دروس كثيرة. حضرت إلى الآن دروساً في الطب والفيزياء والكيمياء. محاضرو الجامعة وأساتذتها على مستوى جيّد. كيف الدراسة عندكم؟ هل رأيت محمّداً او سافرت إليه؟ كتبت له رسالة. وصل جوابه أمس. كتب أنّه ذهب إلى المسرح في القاهرة وأنّه رأى هناك الرئيس المصري وسياسيين ودبلوماسيين كثيرين .

أنا في انتظار جوابك. بلّغي تحياتي لفاطمة.

صديقك

بيتر

Lektion 7

L 1

هذه الغرفة، هذه الغرف، هذه الفواكه، هؤلاء الطلاّب، هذا البلد، هذه البلدان، هذا الكتاب، هؤلاء الطالبات، هذه العلاقات، هذا اليوم، هذا المساء، هذا المسرح، هذه السيّارة، هذه السيّارات، هذه المشروبات، هذه المأكولات، هذه اللغة، هذا اللون، هذه الألوان، هؤلاء الفتيات، هذه الفتاة، هؤلاء الأصدقاء، هذا الصديق، هذه الأرض، هذه الخضراوات، هذه الشوكة، هذا السكّين، هذه الملعقة، هذه الكأس، هذا الفنجان

L 2

تلك الغرفة، تلك الغرف، تلك الفواكه، أولئك الطلاّب، ذلك البلد، تلك البلدان، ذلك الكتاب، أولئك الطالبات، تلك العلاقات، ذلك اليوم، ذلك المساء، ذلك المسرح، تلك السيّارة، تلك السيّارات، تلك المشروبات، تلك المأكولات، تلك اللغة، ذلك اللون، تلك الألوان، أولئك الفتيات، تلك الفتاة، أولئك الأصدقاء، ذلك الصديق، تلك الأرض، تلك الخضراوات، تلك الشوكة، ذلك السكّين، تلك الملعقة، تلك الكأس، ذلك الفنجان

Lektion 7

L 3 ✓

a)

لون هذه السيّارة، بيوت هؤلاء الطلاّب، أصدقاء هذه الفتاة، عاصمة هذا البلد، جامعة هذه المدينة، غرف هذا البيت، معلّم صديقي هذا، طلاّب جامعتنا هذه، معلّمو هذه المدرسة، علاقات هذا البلد، أعضاء هذا الوفد، قاعة هذا الطعام (ungebräuchlich!) ، فواكه هذا البلد

b)

لون السيّارة هذا، بيوت الطلاّب هذه، أصدقاء الفتاة هؤلاء، عاصمة البلد هذه، جامعة المدينة هذه، غرف البيت هذه، معلّم صديقي هذا ، طلاّب جامعتنا هؤلاء، معلّمو المدرسة هؤلاء، علاقات البلد هذه، أعضاء الوفد هؤلاء، قاعة الطعام هذه، فواكه البلد هذه

L 4

a)

لون تلك السيّارة، بيوت أولئك الطلاّب، أصدقاء تلك الفتاة، عاصمة ذلك البلد، جامعة تلك المدينة، غرف ذلك البيت، معلّم صديقي ذلك، طلاّب جامعتنا تلك، معلّمو تلك المدرسة، علاقات ذلك البلد، أعضاء ذلك الوفد، قاعة ذلك الطعام (ungebräuchlich!) ، فواكه ذلك البلد

b)

لون السيّارة ذلك، بيوت الطلاّب تلك، أصدقاء الفتاة أولئك، عاصمة البلد تلك، جامعة المدينة تلك، غرف البيت تلك، معلّم صديقي ذلك، طلاّب جامعتنا أولئك، معلّمو المدرسة أولئك، علاقات البلد تلك، أعضاء الوفد أولئك، قاعة الطعام تلك، فواكه البلد تلك

L 5 ✓

هذا هو المعلّم. هؤلاء هم الطلاّب السوريون. هؤلاء هن الطالبات الجديدات. هذا هو الصديق. هؤلاء هم الأصدقاء العرب. هذا هو الرجل. هذه هي الفتاة الجميلة. هذه هي الرسالة. هذا هو الكتاب الجديد. هذه هي الشنطة. هذه هي الكأس. هذه هي الغرفة الكبيرة. هذه هي العاصمة. هذه هي المدينة. هذا هو المطعم. هذا هو المسرح. هذه هي الجامعة. هذه هي القائمة. هذه هي القاعة.

L 6

اشتريت أقلاماً سوداءَ، ورقاً جديداً، كرسياً أحمرَ، كتباً عربيةً، فنجاناً أخضرَ، فواكهَ، خضراواتٍ.

رأيت رجالاً، معلّمينا، الطلاّبَ العراقيينَ، أصدقاءَ عرباً، مدناً كثيرةً.

ذهب إلى أصدقاءَ عربٍ، أصدقائنا هؤلاء، مطاعمَ كثيرةٍ، معلّمتِنا.

كتبت رسالةً، رسائلَ كثيرةً، كتاباً.

دخلت بيتَكُم، القاعةَ الحمراءَ، مطعماً جميلاً، مسرحَ المدينةِ.

وضعت الكتب في الشنطةِ السوداءِ، خزائنَ بيضاءَ.

شربت نبيذاً أحمرَ، نبيذاً أبيضَ، كأساً من النبيذِ، كأساً من النبيذِ الأبيضِ.

درست اللغةَ العربيةَ، لغاتٍ كثيرةً، الحياةَ في البلدانِ العربيةِ .

عرفت المعلّمينَ العربَ، المسافرينَ، طلاّباً مِنْهُم .

L 7

إلى أين ذهبوا؟ أين وضعت الكتاب؟ أين وضعتم الكتب؟. مع من شربتم النبيذ؟. ماذا سمعت؟ من فعل ذلك؟ من رأيتم؟ أين يوجد المصباح؟ أين توجد الكراسيُّ والطاولة؟ أين يوجد اللوح؟ من أين وصلت الوفود؟ من كتب الرسالة؟ لمن كتبت رسالة؟ لمن كتبت رسالة؟ ماذا قرأت؟ إلى أين وصل الوفد؟ من أين اشتريت القلم؟ من أين اشتريت قلماً جديداً؟ إلى أين ذهب الوفد؟ من عقد اجتماعاً؟ من عقد اجتماعات كثيرة؟

G 1

يخرج من الغرفة. يذهب إلى المطعم. يدخل القاعة. يأخذ قائمة الطعام.

يشرب القهوة (الشاي، البيرة، الماء، النبيذ).

يأكل اللحم (الرزّ، الخضراوات، الفواكه).

يكتب رسالة. يقرأها. يضعها في الخزانة.

G 2 ✓

أخرج من الغرفة. أذهب إلى المطعم. أدخل القاعة. آخذ قائمة الطعام.

أشرب القهوة (الشاي، البيرة، الماء، النبيذ).

آكل اللحم (الرزّ، الخضراوات، الفواكه).

أكتب رسالة. أقرأها. أضعها في الخزانة.

نخرج من الغرفة. نذهب إلى المطعم. ندخل القاعة. نأخذ قائمة الطعام.

نشرب القهوة (الشاي، البيرة، الماء، النبيذ).

نأكل اللحم (الرزّ، الخضراوات، الفواكه).

نكتب رسالة. نقرأها. نضعها في الخزانة.

G 3 ✓

هل تخرج من الغرفة؟ هل تذهب إلى المطعم؟ هل تدخل القاعة؟ هل تأخذ قائمة الطعام؟

هل تشرب القهوة (الشاي، البيرة، الماء، النبيذ)؟

هل تأكل اللحم (الرزّ، الخضراوات، الفواكه)؟

هل تكتب رسالة. هل تقرأها. هل تضعها في الخزانة؟

هل تخرجون من الغرفة؟ هل تذهبون إلى المطعم؟ هل تدخلون القاعة؟ هل تأخذون قائمة الطعام؟

هل تشربون القهوة (الشاي، البيرة، الماء، النبيذ)؟

هل تأكلون اللحم (الرزّ، الخضراوات، الفواكه)؟

هل تكتبون رسالة؟ هل تقرؤونها؟ هل تضعونها في الخزانة؟

G 5 ✓

وصل الوفد العراقي اليوم. وصلت الوفود العربية ظهر اليوم. جلسوا في القاعة الكبيرة. شربت فنجاناً من القهوة. هل أكلت اللحم والخضراوات؟ طلب لحم الدجاج. يأكلون طعاماً شرقياً. شربنا الشاي بعد الأكل. جلسوا في مطعم من مطاعم المدينة. هل عرفت هؤلاء الأصدقاء؟ نعم، عرفتهم. هل فهمتم ذلك الرجل؟ هل تفهمني؟ هل فهمتموني؟

يعقدون اجتماعاً. يكتبن رسائل كثيرة. سمعت ذلك. يضع كتبه في الشنطة. نقرأ تلك الكتب. يفعل ذلك أصدقاؤنا الألمان. درسنا اللغة العربية .

G 8

هل قرأت الخبر؟ هل قرأت الأخبار؟ هل قرأت أنّ الوفد (السوري، العراقي، الجزائري، السعودي، الكويتي، المصري) وصل إلى برلين؟ هل قرأت الرسالة؟ هل قرأت الرسائل؟ هل وصلت إلى هناك؟ هل وصلت إلى برلين؟ هل ذهبت إلى الفندق؟ هل ذهبت إلى هناك؟ هل ذهبت إلى الصديق؟ هل ذهبت إلى المعلّم؟ هل رأيت الفتيات؟ هل اشتريت السيّارة؟ هل سافرت بالقطار؟ هل شربت الشاي؟ هل سألت المعلّم؟ هل أكلت الخبز؟ هل شربت القهوة؟ هل سألت الأم؟ هل عملت في البيت؟ هل عملت في المخزن؟ هل عقدت اجتماعاً؟ هل كتبت الرسالة؟ هل كتبت رسالة؟ هل كتبت رسائل؟ هل سمعت الخبر؟ هل سمعت الأخبار؟ هل سمعت أنّ الوفد العراقي وصل إلى برلين؟ هل عرفت الرجل؟ هل عرفت الفتاة؟ هل عرفت أنّ الطالب ذهب إلى هناك؟ هل عرفت أنّ الطلّاب ذهبوا إلى البيت؟

Komplexübung:

1.

هذا الطقس، هؤلاء المعلّمون، هولاء الطالبات، هذه الشوكات، هذه المدرسة، هذه المقبّلات، هذه السنة، هؤلاء السادة، هذه الكراريس، هؤلاء السيّدات، هذه الرسائل، هذه الزجاجة، هؤلاء الأعضاء، هذا مكتب

2.

ذلك الطقس، أولئك المعلّمون، أولئك الطالبات، تلك الشوكات، تلك المدرسة، تلك المقبّلات، تلك السنة، أولئك السادة، تلك الكراريس، أولئك السيّدات، تلك الرسائل، تلك الزجاجة، أولئك الأعضاء، ذلك مكتب

3.

هذا الصديق، كتاب صديقي هذا، شنطة المعلّمة تلك، بيت ذلك الموظّف الجديد / البيت الجديد لذلك الموظّف، مشروبات ذلك المطعم، خضراوات البقّال هذه، زجاجة الصديق هذه، كراريسه هذه، أصدقاؤنا هؤلاء، مطاعم المدينة تلك

هذا هو المعلّم. هذه مدرسة. هؤلاء شربوا العصير/ شرب هؤلاء العصير. هذه هي الجرسونة .

4.

يصل الوفد العراقي اليوم. تصل الطائرات إلى القاهرة. ندرس اللغة العربية. أعرف/ تعرفين/ تعرف الكثير من الدبلوماسيين. أقرأ/ تقرئين/ تقرأ كتباً جديدة. يحضرن حفلة طويلة. تطلبين مشروبات. تأكلون أطعمة شرقية. تعملن في المطعم. أرجع إلى البيت. أدخل/ تدخلين/ تدخل المحلّ. يعقدون اجتماعاً. أفهم الدرس. تأكلون لحماً وبيضاً .

5.

بيض، زبدة، جبنة، حليب، خبز، مربى، سكر، عصير، عسل، فواكه، خضراوات، تفاح، باذنجان، برتقال، بطّيخ، بطاطس، بيرة، ثوم، جوز، خلّ، خوخ، خيار، دقيق، رز، زيتون، سمك، طماطم، عدس، عنب، فجل، فطر، فلفل، ملح، فول، لوز، مشمش، موز، ليمون

6.

سوف/ سأدرس اللغة العربية في جامعة القاهرة لمدة سنة. سوف / سيسكن في بيت الطلبة. سوف / ستكتب رسالة. سوف / سيشربون / سيشربن الشاي. لا، أشرب بيرة. هل سوف / ستشربون / ستشربن الكحول؟ لا، سوف / سنشرب العصير؟ أنا جوعان(ة) وعطشان(ة). هل عندكم مقبّلات؟ نعم، عندنا مقبّلات كثيرة جدًّا. هل الأكل حارّ؟ لا، هو عادي. الأكل الحارّ جيّد في الطقس الحارّ. هل عندكم ماء معدني؟ هات سكّين وشوكة وملعقة من فضلك! هنيئا مريئا! هنأك الله !

Lektion 8

L 5

لا تفعلْ / تفعلي ذلك! لم أفعل ذلك. لماذا لم تفعل / تفعلي ذلك؟ لم يصلوا / يصلن بعد. لن يصلوا / يصلن غداً. خذ/ خذي الكتاب! ضعه/ ضعيه على الطاولة. لا تخرج / تخرجي من الغرفة! لا تعرفه / تعرفينه. لا تعرفوننا / تعرفننا. طلب مني ألا أذهب إلى هناك .

L 8

غرفتك الجديدة، معلّمكم الجديد، أصدقاؤنا الجدد، كتبنا الجديدة، سيّارته الجديدة، بسيّارته الجديدة، في فندقنا الجديد، أمام مسرحنا الجديد، صديقتي الجديدة، مرافقكم الجديد، في مطارهم الجديد، سياستهم الجديدة، مدرستك الجديدة، جامعتها الجديدة، مخزنه الجديد

G 1

لم أعرف ذلك. لم نعرف ذلك. لم يعرفوا ذلك. لم تعرف ذلك. لم يعمل هناك. لم أعمل هناك. لم تعمل في ذلك المصنع. لم يعملوا في تلك المدينة. لم نعمل هناك. لم يعملوا بأجهزة حديثة. لم يأخذوا ذلك. لم يأخذ الكتاب. لم نأخذ الجرائد. لم يأخذن ذلك. لم تأخذوا ذلك. لم يفعل ذلك. لم نفعل ذلك. لم تفعلي ذلك. لم تذهب إلى هناك. لم تذهبي إلى المكتبة. لم يذهبوا إلى القاعة. لم أشرب/ تشرب / تشربي النبيذ. لم يشربوا القهوة. لم نشرب البيرة. لم نأكل اللحم. لم يأكلوا في المطعم. لم تأكلوا هناك. لم أخرج/ تخرج / تخرجي من البيت. لم يخرج من المعهد. لم يخرجن من المطعم. لم يدخل بيت صديقه. لم ندخل المطعم. لم تدخلي ذلك البيت. لم يصل الوفد أمس. لم تصل الوفود مساء أمس. لم يصلوا صباح اليوم. لم أفهم. لم تفهموا. لم يفهم. لم تفهم. لم نفهم. لم يدرس هناك طلاّب أجانب. لم يشرح لهم عمل المكتبة .لم يرجعوا إلى البيت. لم نطلب منه ذلك. لم يطلبوا منّي ذلك. لم أطلب منكم ذلك. لم يرغبوا في أن يكتبوا لها. لم أرغب في أن يدخل بيتي .

G 2

لا أعرف ذلك. لم يأخذ الكتاب. لم يفعلوا ذلك. لم أدخل/ تدخل/ تدخلي ذلك المعهد. لم نقرأ كتباً كثيرة. لا يدرسون اللغة العربية. لا نعرف ذلك. لن يعقدوا اجتماعاً. لن يعمل في برلين. لن تكتبوا لهم. لم أضع/ تضع / تضعي الكتب في الخزانة. لا نرغب في أن نذهب إلى هناك. لم يطلب منّي أن أذهب إلى هناك. لم تخرج / تخرجي من البيت صباحاً. لم نسمع هذا الخبر. لا نفهم ذلك. لا يأكلون فواكهَ كثيرة. لن يذهبوا إلى المعهد. لم تذهب إلى صديقتها. لم يعمل بالأجهزة الحديثة. لا ينظرون إلى الكتب .

G 3

ليس البيت كبيراً. ليست البيوت جميلة. ليس المعلّمون في الغرفة. ليس هؤلاء الرجال طيبين. ليس هؤلاء الرجال معلّمين. ليست تلك الفتاة معلّمة. ليست أولئك الفتيات طالبات. ليست هذه الكرّاسة جديدة. ليست سيّارتي يابانية. ليس لونها أبيض. ليست عندي كتب كثيرة. ليس في الغرفة طلاّب. ليست هناك أجهزة حديثة. ليس في المعهد طلبة أجانب .

G 4

لا تشرب! لا تشربوا الشاي! لا تذهب إلى هناك! لا تذهبن إلى هناك! لا تدخل ذلك البيت! لا تدخلي ذلك المخزن! لا تفعلوا ذلك! لا تفعل ذلك! لا تخرج! لا تخرجوا! لا تأخذ الجهاز! لا تأخذوا ذلك! لا تسمعي! لا تسمعوا! لا تقرأ هذا الكتاب! لا تقرؤوا هذه الكتب! لا تكتب لي! لا تكتبن لنا! لا تضعوا ذلك في الشنطة!

G 5

إفعلي ذلك! إفعلوا ذلك! أكتبوا لهم! خذ ذلك الجهاز! أدخل ذلك المطعم! إذهبوا إلى هناك! إشربي النبيذ! أخرج من هنا! إقرؤوا تلك الرسالة! ضع ذلك في الخزانة !

G 6

1. كتب محمّد، بيت محمّد، غرفة محمّد، سيّارة محمّد، شنطة محمّد، قلم محمّد
2. أقلام الصديقة، بيوت الصديقة، سيّارة الصديقة، رسائل الصديقة، كتب الصديقة
3. مسرح المدينة، مسارح المدينة، جامعة المدينة، شوارع المدينة، مخازن المدينة، محطّة المدينة

4. مدارس العاصمة، محطّات العاصمة، معالم العاصمة، جامعات العاصمة، مخازن العاصمة

5. باب البيت، أبواب البيت، جدار البيت، جدران البيت، شبابيك البيت، غرف البيت

6. أبواب الغرفة، جدار الغرفة، جدران الغرفة، شبابيك الغرفة، سقف الغرفة، أرض الغرفة

7. كتاب الصديق، كتب الصديق، غرفة الصديق، بيت الصديق، سيّارة الصديق، شنطة الصديق

8. عضو الوفد، أعضاء الوفد، مرافق الوفد، مرافقو الوفد، رئيس الوفد، سيّارة الوفد

Komplexübung:

1.

لم نطلب منه ذلك. لم يرغب في أن يكتب رسالة. لم أفهم. لم نأخذ الجرائد. لم يشربوا القهوة. لم تصل الوفود أمس. لم نأكل اللحم. لم يشربن العصير. لم يخرج من المعهد. لم ترجعي من الفندق إلى المعهد. لم يعملوا في تلك المدينة. لم يبذلوا جهوداً كبيرة. لم يأمل أن يكتب له. لم تبحثوا عن الكتب في رفوف كثيرة. لم يصل أمناء عامّون لأحزاب كثيرة. لم يفعلن ذلك. لم تكتبي الرسالة. لم أشكره / تشكره / تشكريه على الجرائد الجديدة. لم نفهم الدرس. لم يرغب في أن يشرب العصير وأن يأكل اللحم.

2.

لم تكتبوا هذه الرسالة. لم يصل الوفد المصري إلى لندن. لم يأخذ الجريدة. لم يعرفوا القواميس العربية. لم تكتبي روايات. لم أنصحك بأن تأخذي هذه الكتب. لم أرغب في أن تدرسوا اللغة العربية. لم نشرب البيرة .

3.

لا ينظرون إلى الكتب. لن تعملي بالأجهزة الحديثة. لا نفهم ذلك. لن يأكلوا لحم الدجاج. لم أخرج من البيت صباحاً. لا أعرف ذلك. لم أدخل / تدخل / تدخلي ذلك الفندق. لا يدرسن اللغة العربية. لا نرغب في أن نكتب رسائل كثيرة. لن يعقدوا اجتماعاً. لم أضع/ تضع / تضعي الكتب في الخزانة. لم أذهب / تذهب / تذهبي مع صديقته. لم تطلبوا أن نذهب معكم. لا تجلسَنَ في المقهى. لم تخرجي من المعهد. لم نعرف أين يسكن أحمد .

4.

(هو) ليس معلّماً. (هي) ليست جديدة. (نحن) لسنا طلاّباً. (أنتَ) لست بائعاً. (أنتم) لستم مجتهدين. (هنّ) لسن في المعهد. (أنتِ) لست مرافقة. (هم) ليسوا رجالاً طيّبين. ليست عندي كتب كثيرة. (أنا) لست طالباً. ليس في المعهد طلبة أجانب. ليست هناك جرائد عربية. ليس الأكل حارّاً. ليس العصير في البرّادة. (هو) ليس شاطراً .

5.

ليس كبيراً. ليست عندي قواميس كثيرة. ليست في لندن. لستم مجتهدين. ليست الطالبات كبيرات. لست معلّمة. لسنا شاطرين. ليس النبيذ في البرّادة. ليسوا في الجامعة. لست على حق.

6.

لا تشرب العصير !لا تأكل اللحم ! لا تأخذ الكتاب ! لا تخرجي من الغرفة ! لا تسمعي ! لا تسمحوا لي أن أكتب ! لا تكتب الرسالة ! لا تذهبن إلى هناك ! لا تفعلي ذلك ! لا تدخل ! لا تسمح لي أن أخرج ! لا تبحث عنه ! لا تدرسوا العربية ! لا تطلب قهوة !

7.

ليست المناقشات طويلة. كتب بمناسبة العيد الوطني. لم يحصل الوزير على جائزة نوبل. لم تكتب الجريدة عن التعاون العسكري. لا يبذل رئيس البلد وحكومته جهوداً لتوسيع التبادل التجاري. وصل الوزير الألماني إلى دمشق في إطار جولة في الشرق الأوسط. قابل الرئيس الروسي نظيره الأمريكي. لم أعرف أجوبة كثيرة .

Lektion 9

L 6

أسماء فصول السنة هي الربيع والصيف والخريف والشتاء.

أسماء شهور الربيع هي مارس وأبريل ومايو / آذار ونيسان وأيار .

أسماء شهور الصيف هي يونيو ويوليو وأغسطس / حزيران و تمّوز وآب.

أسماء شهور الخريف هي سبتمبر وأكتوبر ونوفمبر / أيلول وتشرين الأول وتشرين الثاني.

أسماء شهور الشتاء هي ديسمبر ويناير وفبراير / كانون الأول وكانون الثاني وشباط.

L 7

a)

لون هذه السيّارة، بيوت هؤلاء الطلاّب، أصدقاء هذه الفتاة، عاصمة هذا البلد، جامعة هذه المدينة، غرف هذا البيت، معلّم صديقي هذا، طلاّب جامعتنا هذه، معلّمو هذه المدرسة، علاقات هذا البلد، أعضاء هذا الوفد، قاعة هذا الطعام (ungebräuchlich) ، فواكه هذا البلد

b)

لون السيّارة هذا، بيوت الطلاّب هذه، أصدقاء الفتاة هؤلاء، عاصمة البلد هذه، جامعة المدينة هذه، غرف البيت هذه، معلّم صديقي هذا، طلاّب جامعتنا هؤلاء، معلّمو المدرسة هؤلاء، علاقات البلد هذه، أعضاء الوفد هؤلاء، قاعة الطعام هذه، فواكه البلد هذه

L 8

يجب عليّ أن أكتب رسالة. يجب عليّ أن أسافر إلى برلين. يجب عليك / عليها أن تحجز شقّتين. يجب عليكم أن تطلبوا مشروبات وأكلا. يجب عليك / عليها أن تحمل الحقيبتين إلى فوق. يجب عليك أن تدرسي اللغة العربية. يجب عليهم أن يعملوا في الخارج. يجب عليّ أن أعمل في عيادة أمّي. يجب عليك أن تسافري إلى مصر لمدة شهرين. يجب عليكم أن تجمعوا المراجع والمصادر اللازمة. يجب عليك / عليها أن تسمح له بالدخول. يجب عليك / عليها أن تفهم ما تقرأ. يجب علينا أن نرجع إلى المدينة. يجب علينا أن نأخذ زجاجتين. يجب عليك / عليها أن تشرب العصير. يجب علينا أن نأكل السمك .

G 1

قرأتهما. قرأناهما. هل قرأتموهما؟

قرأتها. لم أقرأها. لم نقرأها.

رأيتهن. رأيناهن. هل رأيتموهن؟

مكثت فيها. مكثتْ فيها. مكث فيها.

شربتهما. شرباهما. شربتاهما.

ذهبت / ذهبنا / ذهبوا إلى هناك معهما.

ذهبت / ذهبن إلى هناك معهما.

ذهبت / ذهبوا/ ذهب إلى هناك معهم.

درستهما / درسناهما / درسهما.

درستها / درسوها. هل درستها؟

وضعتهما / وضعْتهما فيها.

أخذتهما / أخذناهما / أخذوهما.

كتبتهما / كتبْتهما / كتبنهما.

خرجت منه / خرجنا منه / خرجوا منه.

سمعته / سمعناه. هل سمعتموه؟

عملت / عملوا فيها. هل عملت فيها؟

أكلته / أكلته / أكلتها . أكلناه / أكلناه / أكلناها . أكلوه / أكلوه / أكلوها.

رجعت / رجعنا إليه. هل رجعتم إليه؟

شكرته / شكرناه / شكروه.

نظرت / نظر إليهما. هل نظرت إليهما؟

G 2

هذه الدولة، هذه البُلْدان، هذان البَلَدان، هذان الجهازان، هذه الأرض، هذه اللغة، هذا الاجتماع، هاتان المدرستان، هذه المشروبات، هذه الأيام، هاتان الخزانتان، في هاتين الرسالتين، هذا المسرح، في هاتين الأذنين، هذه المحطّات، هذه الوفود، هذان الشهران، هذان الأسبوعان، هذا المعهد، هذه الدول، في هاتين الغرفتين، هذه الزجاجات، بهاتين السيّارتين، هذان المعطفان، مع هؤلاء الأصدقاء، هذان الطالبان، هذه الأسئلة، هذه الأعمال، هذه القرية، هذان الجبلان، هذه الملابس، هؤلاء العمّال، هؤلاء الفلاّحون.

G 3

ذهبا إلى المكتبة.

تعقدان اجتماعاً.

متى خرجا من البيت؟

لماذا فعلتما ذلك؟ أو: لماذا فعلتا ذلك؟

أين عملا؟

ماذا تشربان؟

ماذا درستما؟ أو: ماذا درستا؟

G 5

يأكلون طعاماً شرقياً. شربنا الشاي بعد الأكل. جلسوا في مطعم من مطاعم المدينة. هل عرفت هؤلاء الأصدقاء؟ نعم، عرفتهم. هل فهمتم ذلك الرجل؟ هل تفهمني/ تفهمينني؟ هل فهمتموني؟ يعقدون اجتماعاً. يكتبن رسائل كثيرة. سمعت ذلك. يضع كتبه في الشنطة. نقرأ تلك الكتب. يفعل ذلك أصدقاؤنا الألمان. درسنا اللغة العربية. وصل الوفد العراقي اليوم. وصلت الوفود العربية ظهر اليوم. جلسوا في القاعة الكبيرة. شربت فنجاناً من القهوة. هل أكلت اللحم والخضراوات؟ طلب لحم الدجاج .

Komplexübung:

1.

عملت في ذلك المصنع شهرين.

سكنت في الفندق يومين.

جلست في الغرفة ساعتين.

شربت كأسين من البيرة.

اشتريت ذلك الجهاز بماركين.

ذهبت إلى المسرح مع صديقين.

عندي سيّارتان.

أدرس العربية منذ سنتين .

2.

أطروحات المعلّمين، جوازات المعلّمين هذه، غرفتا المعلّمين هاتان

مسارح هذه المدينة، فندقا هذه المدينة، موظّفو هذه المدينة، محطّات هذه المدينة، شوارع هذه المدينة

صديقتا صديقه، كتب صديقه هذه، تخصص صديقه ذلك

3.

يجب عليّ أن أكتب رسالتين. يجب عليه أن يعمل في الخارج. يجب عليها أن تأكل السمك. يجب عليك أن تحجزي غرفتين. يجب علينا أن نحمل الحقيبتين إلى الغرف. يجب عليهم / عليهن أن يلبسوا / يلبسن معاطف وقبعات وقفافيز. يجب عليكم / عليكن أن تسألوا / تسألن المعلّم الثاني .

4.

ماذا درستما/ درستا؟ ماذا تشربان؟ أين سكنا؟ تسألان الثاني. تلبسان المعطف الثاني. يشعران / تشعران بالبرد في غرفتكما. درستا/ درستما في الفصلين الربيعي والخريفي. أين تضعان الجوازين؟ جمعا المصادر والمراجع .

5.

تضم الجامعة كليات الفيزياء والكيمياء وعلم الأحياء والرياضيات واللغات والتربية والحقوق وكليتي الاقتصاد والزراعة. أدرس في معهد الدراسات العربية. معهدي قديم وصغير. وتوجد إلى جانب هذا المعهد في إطار الاستشراق معاهد للدراسات الإفريقية والمصرية والهندية والصينية والتركية ومعهد لتاريخ الأديان.

Lektion 10

L 4

ليست عندي كتب كثيرة. ليس في الغرفة طلّاب. ليست هناك أجهزة حديثة. ليس في المعهد طلبة أجانب. ليس البيت كبيراً. ليست البيوت جميلة. ليس المعلّمون في الغرفة. ليس هؤلاء الرجال طبيبين. ليس هؤلاء الرجال معلّمين. ليست تلك الفتاة معلّمة. ليست أولئك الفتيات طالبات. ليست هذه الكرّاسة زرقاء. ليست سيّارتي بيضاء. ليس لونها أبيض .

G 1 (✓)

ثلاث ليرات/ ثلاثة دنانير، ثلاث عشرة ليرة / ثلاثة عشر ديناراً، ثلاث وعشرون ليرة / ثلاثة وعشرون ديناراً

أربع ساعات / أربعة أشهر، أربع عشرة ساعة / أربعة عشر شهراً، أربع وثلاثون ساعة / أربعة وثلاثون شهراً

خمسة كيلومترات / خمس سنوات/ سنين، خمسة عشر كيلومتراً / خمس عشرة سنة، خمسة وأربعون كيلومتراً / خمس وأربعون سنة

ستة ملاليم / قروش، ستة عشر ملّيماً/ قرشاً، ستة وخمسون ملّيماً / قرشاً

سبعة أمتار / أيام، سبعة عشر متراً / يوماً، سبعة وستون متراً / يوماً

ثمانية سنتيمترات / كتبٍ، ثمانية عشر سنتيمتراً / كتاباً، ثمانية وسبعون سنتيمتراً / كتاباً

تسعة أيام / تسع سنوات / سنين، تسعة عشر يوماً / تسع عشرة سنة، تسعة وثمانون يوماً / تسع وثمانون سنة

عشر دقائق / عشرة أسابيع، عشرون / ثلاثون دقيقةً / أسبوعاً

أحد عشر جنيهاً / يوماً، واحد وعشرون / أربعون جنيهاً / يوماً

اثنا عشر فلساً / شخصاً، اثنان وعشرون فلساً / شخصاً، خمسون فلساً / شخصاً

ستون / سبعون / ثمانون موظّفاً / سنةً

تسعون ليرةً/ جنيهاً، مائة ليرةٍ / جنيهٍ، مائة ليرة وليرة / مائة جنيه وجنيه

مائتا متر / دولار، ثلاثمائة / أربعمائة متر / دولار

ألف / ألفا / عشرة آلاف شخص / كيلومتر

G 2 (✓)

الطلّاب العشرة – العلب الخمس – المعلّمون الثلاثة – الزبائن الثمانية – الكتب الاثنا عشر – البيوت الأحد عشر – الفتيات السبع – الشبابيك التسعة – الأيام العشرون – الأسابيع الثلاثة عشر – الماركات السبعة عشر – الساعات الأربع – الساعات الأربع والعشرون – الأيام الثلاثون – الأشخاص الستة والستون – الكيلوميترات الواحد

والسبعون – الرجال المائة – الدقائق الست عشرة – الموظّفون العشرة – الأشخاص المائتان

G 3

لم أخرج / تخرجي / تخرج من البيت. لم يخرج من المعهد. لم يخرجن من المطعم. لم يدخل بيت صديقه. لم ندخل المطعم. لم تدخلي ذلك البيت. لم يصل الوفد أمس. لم تصل الوفود مساء أمس. لم يصلوا صباح اليوم. لم أفهم. لم تفهموا. لم يفهم. لم تفهم. لم نفهم. لم يدرس هناك طلاّب أجانب. لم يشرح لهم عمل المكتبة. لم يرجعوا إلى البيت. لم نطلب منه ذلك. لم يطلبوا منّي ذلك. لم أطلب منكم ذلك. لم يرغبوا في أن يكتبوا لها. لم أرغب في أن يدخل بيتي. لم أعرف ذلك. لم نعرف ذلك. لم يعرفوا ذلك. لم تعرف ذلك. لم يعمل هناك. لم أعمل هناك. لم تعمل في ذلك المصنع. لم يعملوا في تلك المدينة. لم نعمل هناك. لم يعملوا بأجهزة حديثة. لم يأخذوا ذلك. لم يأخذ الكتاب. لم نأخذ الجرائد. لم يأخذن ذلك. لم تاخذوا ذلك. لم يفعل ذلك. لم نفعل ذلك. لم تفعلي ذلك. لم تذهب إلى هناك. لم تذهبي إلى المكتبة. لم يذهبوا إلى القاعة. لم أشرب / تشربي / تشرب النبيذ. لم يشربوا القهوة. لم نشرب البيرة. لم نأكل اللحم. لم يأكلوا في المطعم. لم تأكلوا هناك .

G 4

لم يطلب/ ما طلب منّي أن أذهب إلى هناك. لم أخرج/ تخرجي/ تخرج/ ما خرجت من البيت صباحاً. لم نسمع هذا الخبر. لا نفهم ذلك. لا يأكلون فواكه كثيرة. لن يذهبوا إلى المعهد. لم تذهب/ ما ذهبت إلى صديقتها. لم يعمل/ ما عمل بالأجهزة الحديثة. لا ينظرون إلى الكتب. لا أعرف ذلك. لم يأخذ/ ما أخذ الكتاب. لم يفعلوا/ ما فعلوا ذلك. لم أدخل / تدخلي / تدخل/ ما دخلت ذلك المعهد. لم نقرأ/ ما قرأنا كتباً كثيرة. لا يدرسون اللغة العربية. لا نعرف ذلك. لن يعقدوا اجتماعاً. لن يعمل في برلين. لن تكتبوا لهم. لم أضع/ تضع/ تضعي/ ما وضعت الكتب في الخزانة. لا نرغب في أن نذهب إلى هناك .

Komplexübung:

1.

خمسة أركان عشرة مسلمين أحد عشر جوازاً

أربعة مذاهب	خمس صلوات	سبعة عشر طابقاً
اثنا عشر شهراً	ثلاث وعشرون عمارة	أحد وعشرون مصدراً
دينان	ستمائة واثنتان وعشرون سنة	قبّعتان
اثنا عشر معلّماً	أربعمائة وستة وخمسون دولاراً	اثنان وثلاثون أسبوعاً

2.

بعد الخلفاء الراشدين الأربعة، أركان الإسلام الخمسة، مذاهب الإسلام الأربعة، الأشهر الإسلامية الاثنا عشر، مع الزوجات الثلاث، أمام الجبال السبعة، الأطروحتان، الكراسيُّ الثلاثة عشر، في العيادات الإحدى عشرة، في شهر ربيع الثاني، في السنة الثانية

3.

لست مسلماً. لم يهاجر محمّد في عام ٦٣٣. لن يبلغ عدد المسلمين حوالى مليون مسلم. لم نعرف المذاهب الأربعة. ليست غالبيتهم من أهل السنّة. لم يبدأ التاريخ الإسلامي في عام ٦٢١. لم نسأل عن أبي حنيفة وأحمد بن حنبل .ليس قرشياً. لم يتبعه هارون الرشيد. لم تدرسوا الهندسة. لن تخرجن من المطعم. لم أفهم / تفهمي / تفهم العربي. لم يخرج في آب .

4.

عام ألف وتسعمائة وواحد وتسعين

سنة ألف وتسعمائة وإحدى وتسعين

عام ستمائة واثنين وعشرين

سنة ستمائة واثنتين وعشرين

عام ألف ومائتين وثمانية وخمسين

سنة ألف ومائتين وثمان وخمسين

عام ألفين وخمسة

سنة ألفين وخمس

عام ألف وتسعمائة وخمسة وأربعين

سنة ألف وتسعمائة وخمس وأربعين

عام سبعمائة وخمسين

سنة سبعمائة وخمسين

عام ألف وتسعمائة وثمانية عشر

سنة ألف وتسعمائة وثماني عشرة

عام ألف وواحد

سنة ألف وواحدة

5.

كنت في بغداد ثلاث مرات. ذهبوا مع خمسة أصدقاء إلى المسرح. التسجيل في الطابق الثاني. هو يسكن في الغرفة رقم مائتان واثنا عشر. ذهب إلى مبنى رقم مائة وواحد وسبعين. عندي أربعة إخوان. سافر مليونا حاج إلى مكة المكرمة هذه السنة. ولدت عام ألف واربعمائة وأربعة عشر هجرياً / بعد الهجرة. نبي الإسلام، صلى الله عليه وسلم، هو محمّد بن عبدالله بن عبد المطلب بن هاشم. الخلفاء الراشدون الأربعة هم أبو بكر الصديق وعمر بن الخطاب وعثمان بن عفان وعلي بن أبي طالب، رضي الله عنهم.

6. *zakāt(un), hiğra, ḥağğ, as-sunna, ḫalīfa, ṣalātu l-fağr, ṣaum, ramaḍān, ḥāğğ, dīn*

7.

كَانُونُ الثّانِي ، شُبَاطُ، آذَارُ، نِيسَانُ، آيّارُ، حَزِيرَانُ ، حُزَيْرَانُ، تَمّوزُ، آبُ، أَيْلُولُ، تَشْرِينُ الأوّلُ، تَشْرِينُ الثّانِي، كَانُونُ الأوّلُ

Lektion 11

L 1

إسمحوا لي أن أشكركم على الرسالة. عاش البلد حالة من التوتر السياسي والاجتماعي في السنوات الماضية. نشعر بأن الأوضاع العامة في الداخل والخارج خرجت من الأزمة الطويلة. بإمكاننا أن ننظر إلى المستقبل السلمي. قلت في كلمتي اليوم في الصباح إن الحرب قادت البلد إلى كارثة. وقفنا أمام مشاكل كبيرة. دعونا أصدقاءنا إلى التشاور معنا. سارت

الأمور نحو التحسن بسرعة. دعوتهم للعمل معنا لتحسين العلاقات. لقيت رد فعل إيجابياً من هذه البلدان. قام الرئيس بزيارة هيئة الأمم المتحدة وأمينها العام. دعا الأمين العام للأمم المتحدة إلى انعقاد جلسة طارئة. إن احتفالنا هو برهان قاطع على نجاح سياستنا في السنوات الماضية. خفنا من عودة الحرب مرّة ثانية إلى البلد. نقف أمام مهمة بناء البلد في مجالي الصناعة والزراعة. أنا متأكد من أننا سنخرج من مشاكلنا ومن أزمتنا. أسافر إلى أمريكا في الأسبوع القادم. عاد من الخارج. هو قادر على كتابة هذه الرسالة.

L 2

إسمحوا لي أن أسألكم عن موقفكم من التطورات الجارية في البلد. قلت في تصريحي الرسمي قبل يومين إنّ الحكومة تعمل على إيجاد حلول سريعة لمشاكل المواطنين. كيف حدثت هذه المشاكل وما هي أسبابها؟ هل صحيح أنّكم ترغبون في إشراك المعارضة في الحكومة؟ أنا أرفض هذه الفكرة. إن المعارضة ليست قادرة على المساهمة في حل المشاكل الملحة. الانتخابات الأخيرة أعطت لنا الصلاحيات لممارسة الحكم في البلد للسنوات الأربع القادمة. إنّنا نترك النظر في حل هذه المسائل للجان البرلمانية وللمحاكم. لم نسمع من المعارضة في هذه المسألة أشياء جديدة. كتمت المعارضة في فترة حكمها مشاكل مماثلة. أشكركم على هذه المعلومات القيّمة. إسمحوا لي بسؤال أخير. أسافر إلى أمريكا في الأسبوع القادم لحضور اجتماعات هيئة الأمم المتّحدة .

L 3

جلس الرئيس. رجع محمّد. سافر / غادر الوفد. الجهاز قديم. خرج من المطعم. اشترى السيّارة. لم أفهم السؤال. لم أعلم منهم أنّه رجل لطيف.(هم) ليسوا مجتهدين. لا يعرف أشياء كثيرة/ يعرف أشياء قليلة. لم يعرف السؤال الأخير.

L 4

رؤساء البلدان، مترجمو الوفود، رواتب الحكومة، وزراء الخارجية، نتائج الصناعة، فضائح الزراعة، سياسة الوزير، مرافقو الرئيس، رؤساء الحكومات، وزراء الداخلية، مترجمو الأمم المتحدة، رؤساء الجلسة، نتائج الحرب، فضائح المعارضة

L 5

رؤساء البلدان الجدد، مترجمو الوفود الجدد، سياسة الحكومة الجديدة، وزراء الخارجية الجدد، نتائج الصناعة الجديدة، فضائح الزراعة الجديدة، سياسة الوزير الجديدة، مرافقو الرئيس الجدد، رؤساء الحكومات الجدد، وزراء الداخلية الجدد، مترجمو الأمم المتحدة الجدد، رؤساء الجلسة الجدد، نتائج الحرب الجديدة، فضائح المعارضة الجديدة

G 1

1 زار الرجال المركز الجديد للعاصمة وزرته معهم.

2 قال صديقي إنّني مجتهد وقلت أنا إنني كسلان.

3 باع الرجل سيّارته وبعت أنا سيّارتي.

4 رجا الطالب الجزائري أن أكتب له ورجوته أنا أن يكتب لي.

5 مشى الأصدقاء إلى المقهى ومشيت أنا معهم.

6 وعد المرافق أصدقاءه بزيارة الجامعة ووعدت أنا بزيارة المكتبة.

7 وضع محمّد المعطف في الخزانة ووضعته أنا على الطاولة.

8 دعت الحكومة الوفود الأجنبية إلى الحفلة ودعوت أنا مرافقي الوفود.

9 لقي المعلّم أصدقائي في المخزن ولقيتهم أنا أمام المخزن.

10 قاد المرافق السيّارة بسرعة وقدتها أنا أيضاً بسرعة.

11 خافت المعلّمة من السفر بالطائرة وخفت أنا أيضاً منه.

12 ان صديقي هناك في شهر أيلول وكنت أنا هناك في شهر تشرين الأول.

13 سافر بالقطار وسافرت أنا بالسيّارة.

14 قام من النوم صباحاً وقمت أنا من النوم ظهراً.

15 عاد صديقي من برلين وعدت أنا معه.

16 نامت كثيراً ونمت أنا قليلاً.

17 وضعت صديقتي كؤوساً على الطاولة ووضعت أنا عليها زجاجتي عصير.

18 وعد الطالب صديقته بزيارة العاصمة ووعدتها أنا بزيارة مدينة لايبزغ.

19 رجت الفتاة أن تذهب إلى المسرح ورجوتها أن أذهب معها.

20 زار الوفد الجامعة وزرتها أنا أيضاً.

21 قال محمّد إنّني شربت كأساً واحدة فقط وقلت أنا إنني شربت كأسين.

22 سار إلى المكتبة مساءً وسرت أنا إليها صباحاً.

23 باع صديقي بيته وبعت أنا بيتي أيضاً.

24 نام مرافق الوفد في تلك الغرفة ونمت أنا في هذه الغرفة.

25 مشى الرجال إلى قاعة الاجتماع ومشيت أنا أيضاً إليها.

26 دعا صديقي العربي محمّداً إلى الحفلة ودعوت أنا أحمد إليها.

27 لقي صديقي فتاة شقراء ولقيت أنا فتاة سمراء.

28 خاف أعضاء الوفد من الطقس الحار هناك وخفت أنا منه في مصر.

29 كان أحمد في القاهرة وكنت أنا في تونس.

30 وضعت صديقتي على الطاولة تفّاحاً ووضعت أنا عليها خوخاً.

31 وضع الطالب الكتاب في الشنطة ووضعته أنا في الخزانة.

32 دعا صديقته إلى الحفلة ودعوت أنا صديقتي أيضاً إليها.

33 مشت الطالبات إلى المخزن ومشيت أنا إلى المعهد.

34 باع الطالب كتبه وبعت أنا كتبي.

35 قالت الطالبة إنّني أكلت كثيراً وقلت أنا إنني أكلت قليلاً.

36 عادت إلى بيتها وعدت أنا إلى بيتي.

37 زار صديقي عدداً من البلدان العربية وزرت أنا عدداً من البلدان الأوربية.

38 قام أصدقائي بنزهة جميلة وقمت أنا بها معهم.

39 عاد الوفد أمس وعدت أنا اليوم.

40 زارت الفتاة مدينة برلين وزرتها أنا معها.

41 وصلت صديقتي مساء الأمس ووصلت أنا صباح اليوم.

42 سارت إلى البيت وسرت أنا إليه أيضاً.

43 عادت الطائرة من دمشق وعدت أنا فيها.

K 1

Sanaa: Der deutsche Bildungsminister, Mitglied der SPD, traf im Rahmen einer Rundreise im Nahen Osten in Sanaa ein. Er traf seinen jemenitischen Amtskollegen, um Wege der Zusammenarbeit im Bereich der Hochschulbildung zu diskutieren.

Amman: Seine Hoheit der König traf mit der deutschen Delegation unter Leitung des Bundeskanzlers zusammen und erörterte mit ihm die politische, ökonomische, militärische und kulturelle Zusammenarbeit.

Algier: Die deutsche Delegation nahm an den Feierlichkeiten aus Anlaß des Nationalfeiertages teil. Der Leiter der deutschen Delegation sagte, daß Deutschland auf die Erweiterung der politischen und ökonomischen Kooperation und des Handelsaustausches mit Algerien hinarbeiten werde.

Khartoum: Der Generalsekretär der Sudanesischen Nationalpartei traf den Generalsekretär der CDU nach der internationalen Konferenz von Paris.

Berlin: Eine kuweitische Wirtschaftsdelegation traf aus Österreich kommend in Berlin ein und wird den Wirtschafts- und den Gesundheitsminister treffen.

Tunis: Der deutsche Arbeitsminister und die ihn begleitende Delegation traf mit seinem tunesischen Amtskollegen im Ministerium nach einem Besuch in den Betrieben der Hauptstadt und den Agrarbetrieben in den Provinzen zusammen, um das Kooperationsprogramm im Bereich der Qualifizierung von tunesischen Arbeitskräften und Ingenieuren zu diskutieren.

Moskau: Eine marokkanische Delegation ist in Moskau angekommen. Sie traf den russischen Präsidenten und eine Reihe von russischen Verantwortlichen und forderte von der russischen Regierung, das Projekt zur ökonomischen Zusammenarbeit zu prüfen.

Komplexübung:

1.

زرت الأمم المتّحدة. دعوته إلى المطعم. عدت إلى البرلمان. عشت في مصر. قدت السيّارة. مشيت إلى وكيل الدولة. قلت إنّه قام بزيارة المعاهد. قمت بجولة في الشرق الأوسط. وقفت أمام المحطّة. وجدت القلم تحت السرير. بنيت عمارات جميلة. قمت بإعادة بناء بيتي. خفت من عودة الحرب. بعت سيّارتي. نمت في فندق قديم. كنت في باريس. لقيت صديقتي في المدينة .

2.

زاروا الأمم المتّحدة. دعَوه إلى المطعم. عادوا إلى البرلمان. عاشوا في مصر. قادوا السيّارة. مشَوا إلى وكيل الدولة. قالوا إنّه قام بزيارة المعاهد. قاموا بجولة في الشرق الأوسط. وقفوا أمام المحطّة. وجدوا القلم تحت السرير. بنَوا عمارات جميلة. قاموا بإعادة بناء بيتي. خافوا من عودة الحرب. باعوا سيّارتي. ناموا في فندق قديم. كانوا في باريس. لقُوا صديقتي في المدينة .

3.

إسمحوا لي أن أرحّب بكم وأن أشكركم على عودتكم. وجدنا حلاًّ سلمياً لتلك المشاكل الملحّة. كانت ردود الفعل إيجابية. كانت ملابسها/ملابسهم فضيحة. قام الرئيس بتشكيل الحكومة. زرنا ستة بلدان. قالوا الرجال إن الوزير كان يخاف من المعارضة. دعت هذه البلدان المجاورة الأربعة إلى عقد جلسة طارئة للأمم المتحدة. عدنا إلى البارلمان. كتمت الحكومة العسكرية نتائج الانتخابات هذه ونجاح الأحزاب الديمقراطية. قابل وكيل الدولة هذا أعضاء اللجنة. سار الوضع في الداخل والخارج نحو تحسن هذه العلاقات. خرجنا من هذه الأزمة منتصرين. دعا مجلس الأمن للأمم المتحدة إلى حلّ سلمي .

4.

قلت في تصريحي إنّ الحكومة عملت على إيجاد الحلّ. سمحوا لي بسؤال. أعطتنا الانتخابات الصلاحيات الكافية. وقفنا أمام مشاكل مماثلة. (هو) لم يكن قادراً على كتابة هذه الرسالة. كيف حدثت تلك المشاكل؟ متى قمت بزيارة صديقتك؟

5.

der Chef einer ausländischen Regierung, diese vier kleinen Taschen der Lehrerin/diese vier Taschen der kleinen Lehrerin, dieses Haus des cleveren Studenten, die Rückkehr dieses Präsidenten an die Macht, der Vorsitzende eines Gerichtes, diese Ursachen der Krise

6.

خفنا من عودة الحرب. نقف أمام مهمّة بناء البلد. نشعر بالتحسّن. قاد البلد إلى كارثة. خرجنا من هذه الأزمة. عملنا على تحسين الوضع. عاش في الخارج. شكرته على الجهاز.

Lektion 12

L 2

ضع / ضعي الكؤوس / الفناجين / الزجاجة / التفاح / الكتب / الخبز / الفواكه / الطعام على الطاولة!

قم / قومي / قوموا من النوم الآن / بسرعة!

زرني/ زوريني/ زوروني/ زرنني/ زر / زوري / زوروا / زرن / العاصمة / هذا البلد / تلك البلدان / ضواحي المدينة / ذلك البرج / ذلك المطعم / ذلك المقهى / صديقنا / المسرح غدا / في شهر مارس!

عد / عودي إلى البيت / إلى الفندق إلى هنا/ إلى هناك / إليّ / إلينا غداً / بعد ساعة!

إمش / إمشي / إمشوا إلى المعهد / إليه / إلى هناك !

إبق / إبقوا هنا/ هناك / في البيت / في الفندق / عندنا / حتى الغد

L 3

سيكون في استقبالهم عند وصولهم للجامعة وموقع المعرض مدير الجامعة ونخبة من كبار المسؤولين بالجامعة. ستكون الجامعة ملتقىً لآلاف من هواة الثقافة وطلبة العلم والمعرفة. يقوم بجولة في دور النشر المختلفة ويرى مئات الآلاف من الكتب وتقريباً ٥٠ ألف عنوان في قطاعات المعرفة الانسانية والاجتماعية والعلوم التقنية وكتب الثقافة الإسلامية والأدب العربي علاوة على كتب الأطفال والاقتصاد المنزلي والحاسب الآلي. ستصل نسبة التخفيض إلى ١٥ ٪ من السعر الأصلي .

من الجدير بالذكر أنّ المعرض سيفتح أبوابه لمدة يومين للنساء فقط وهما الخميس والاثنين. تشهد الجامعة مساء يوم الغد الثلاثاء حدثاً ثقافياً ضخماً ومناسبة علمية كبيرة. يقوم صاحب السمو الملكي الأمير سلمان بن عبد العزيز بحضور معالي مدير الجامعة الأستاذ الدكتور أحمد بن محمّد الوهاب بافتتاح معرض الرياض الدولي للكتاب العلمي. يشارك في هذا المعرض ٥٠٠ ناشر من داخل المملكة وخارجها. يحضر الافتتاح بمشيئة الله عدد من كبار المسؤولين ورجال الفكر والأدب والثقافة والإعلام.

L 4

شفت المعلّم. شفته. شافتهم في المطعم. نشوفها في المعهد. شافوا الرئيس في المحكمة. نشوفه في البرلمان. شفتم الكتب عنده. تشوفي(ن) هذه الشنطة. تشوفو(ن) الأقلام. أشوفه بعد يومين .

ما شفت المعلّم. ما شفته. ما شافتهم في المطعم. ما نشوفها في المعهد. ما شافوا الرئيس في المحكمة. ما نشوفه في البرلمان. ما شفتم الكتب عنده. ما تشوفين هذه الشنطة. ما تشوفون الأقلام. ما أشوفه بعد يومين.

G 1

1 يفي محمّد بوعده.

2 ينسى الطالب الكلمات الجديدة.

3 يأتي الوفد مساء اليوم.

4 يجيء أحمد حسب الموعد.

5 يرى أحمد صديقه أمام مخزن السيّارات.

6 يرجو محمّد أصدقاءه أن يحضروا إليه.

7 يزور الرجال ذلك الجبل.

8 يقول صديقي إنّني مجتهد.

9 يبيع الرجل سيّارته.

10 يمشي الأصدقاء إلى المقهى.

11 يعد أحمد أصدقاءه بألف دولار.

12 يضع الطالب المعطف في الخزانة.

13 يلقى المعلّم أصدقائي في المخزن.

14 يقود المرافق السيّارة بسرعة.

15 تخاف المعلّمة من السفر بالطائرة.

16 يسافر صديقي بالقطار.

17 يقوم محمّد من النوم.

18 يعود صديقي من برلين.

19 تفي صديقتي بوعدها.

20 تنسى الطالبة مواعيدها.

21 يضع الطالب الكتاب تحت الشنطة.

22 يأتي أعضاء الوفد صباحاً.

23 يرى عمر في المخزن كتباً جديدة.

24 ترجو هيفاء أصدقاءها أن يذهبوا معها.

25 تنام الطالبات كثيراً.

26 تضع صديقتي على الطاولة كؤوساً.

27 يعد الطالب صديقه بزيارة العاصمة.

28 ترجو الفتاة أن تذهب إلى المسرح.

29 يزور الوفد جامعتنا.

30 يقول محمّد إنّني شربت كأساً واحدة.

31 يبيع صديقي بيته.

32 يمشي الرجال إلى قاعة الاجتماع.

33 يلقى صديقي فتاة شقراء.

34 يضع الطالب الكتاب في الشنطة.

35 يدعو الطالب صديقته إلى الحفلة.

36 تمشي الطالبات إلى المخزن.

37 يبيع الطالب كتبه.

38 يقول صديقنا العربي إنّني أكلت قليلاً.

39 تعود الفتيات إلى بيتهن.

40 يزور صديقي عدداً من البلدان العربية.

41 يقوم أصدقائي بنزهة جميلة.

42 يعود الوفد اليوم.

43 تزور الوفود مدينة برلين.

44 يفي المعلّمون بوعودهم.

45 يجيء المرافق إلى قاعة الطعام.

46 تجيء صديقتي إليّ.

47 يرى محمّد هناك رجالاً كثيرين.

48 يصل الأصدقاء مساء اليوم.

49 تعود الطائرة من القاهرة.

50 يصل الوفد إلى برلين بالطائرة.

51 يعود الأصدقاء صباحاً.

52 تصل الوفود إلى هنا.

53 يقوم رئيس الوفد.

54 يبني العمال مباني رائعة.

G 3

1 يفي محمّد بوعده وأفي أنا بوعدي.

2 ينسى الطالب الكلمات الجديدة وأنساها أنا أيضاً.

3 يأتي الوفد مساء اليوم وآتي أنا مساء الغد.

4 يجيء أحمد حسب الموعد وأجيء أنا أيضاً حسب الموعد.

5 يرى أحمد صديقه أمام مخزن السيّارات وأراه أنا في مخزن السيّارات.

6 يرجو محمّد أصدقاءه أن يحضروا إليه وأرجوهم أنا أيضاً أن يحضروا إليّ.

7 يزور الرجال ذلك الجبل وأزوره أنا معهم.

8 يقول صديقي إنّي مجتهد وأقول أنا إنني كسلان.

9 يبيع الرجل سيّارته وأبيع أنا سيّارتي أيضاً.

10 يمشي الأصدقاء إلى المقهى وأمشي أنا إليه أيضاً.

11 يعد أحمد أصدقاءه بألف دولار وأعدهم أنا بدولارين.

12 يضع الطالب المعطف في الخزانة وأضعه أنا على الطاولة.

13 يلقى المعلّم أصدقائي في المخزن وألقاهم أنا أمام المخزن.

14 يقود المرافق السيّارة بسرعة وأقوده أنا بسرعة أيضاً.

15 تخاف المعلّمة من السفر بالطائرة وأخاف أنا منه أيضاً.

16 يسافر صديقي بالقطار وأسافر أنا بالسيّارة.

17 يقوم محمّد من النوم ظهراً وأقوم أنا منه صباحاً.

18 يعود صديقي من برلين وأعود أنا معه.

19 تفي صديقتي بوعدها وأفي أنا به أيضاً.

20 تنسى الطالبة مواعيدها وأنساها أنا أيضاً.

21 يضع الطالب الكتاب تحت الشنطة وأضعه أنا تحت الطاولة.

22 يأتي أعضاء الوفد صباحاً وآتي أنا مساء.

23 يرى عمر في المخزن كتباً جديدة وأرى أنا فيه صديقي.

24 ترجو هيفاء أصدقاءها أن يذهبوا معها وأرجوهم أنا أن يذهبوا معي.

25 تنام الطالبات كثيراً وأنام أنا قليلاً.

26 تضع صديقتي على الطاولة كؤوساً وأضع أنا عليها زجاجتي عصير.

27 يعد الطالب صديقه بزيارة العاصمة وأعد أنا بزيارة مدينة هامبرج.

28 ترجو الفتاة أن تذهب إلى المسرح وأرجو أنا أن أذهب معها.

29 يزور الوفد جامعتنا وأزورها أنا أيضاً.

30 يقول محمّد إنّني شربت كأساً واحدة وأقول أنا إنني شربت كأسين.

31 يبيع صديقي بيته وأبيع أنا بيتي أيضاً.

32 يمشي الرجال إلى قاعة الاجتماع وأمشي أنا إليها أيضاً.

33 يلقى صديقي فتاة شقراء وألقى أنا فتاة سمراء.

34 يضع الطالب الكتاب في الشنطة وأضعه أنا في الخزانة.

35 يدعو الطالب صديقته إلى الحفلة وأدعوها أنا إليّ.

36 تمشي الطالبات إلى المخزن وأمشي أنا إلى المعهد.

37 يبيع الطالب كتبه وأبيعها أنا أيضاً.

38 يقول صديقنا العربي إنّني أكلت قليلاً وأقول أنا إنني أكلت كثيراً.

39 تعود الفتيات إلى بيتهن وأعود أنا إلى بيتي.

40 يزور صديقي عدداً من البلدان العربية وأزور أنا عدداً من البلدان الأوربية.

41 يقوم أصدقائي بنزهة جميلة وأقوم أنا بنزهة معهم.

42 يعود الوفد اليوم وأعود أنا أيضاً.

43 تزور الوفود مدينة برلين وأزورها أنا معها.

44 يفي المعلّمون بوعودهم وأفي أنا بوعدي أيضاً.

45 يجيء المرافق إلى قاعة الطعام وأجيء أنا إليها أيضاً.

46 تجيء صديقتي إليّ وأجيء أنا إليها.

47 يرى محمّد هناك رجالاً كثيرين وأرى أنا هناك رجالاً قلائل.

48 يصل الأصدقاء مساء اليوم وأصل أنا صباح اليوم.

49 تعود الطائرة من القاهرة وأعود أنا فيها.

50 يصل الوفد إلى برلين بالطائرة وأصل أنا إليها بالسيّارة.

51 يعود الأصدقاء صباحاً وأعود أنا مساء.

52 تصل الوفود إلى هنا وأصل أنا معها.

53 يقوم رئيس الوفد وأقوم أيضاً.

54 يبني العمال مباني رائعة وأبني أنا بيتاً جميلاً.

Komplexübung:

1.

يفي بوعده. تنسى الحاسب. يجيء بعد صاحب السمو الملكي. أرى الإنكليز. أرجوه أن يصرف الدولارات. يزورون الجيران. تقولون إنكم نخبة الجامعة. تبيع الحكومة المصرف. نمشي إلى الافتتاح. يعد بكتابة رسالة طويلة. يلقى الجواب. يقود سيّارته بسرعة. نخاف من مدير المعهد. تسير الأمور نحو التحسّن. نقوم بجولة في الشرق الأوسط. يأتي بعد هذا الحدث الثقافي. ينام ١٠ ساعات .يصل بعد ٦ أيّام. تعود من جولتها. ندعو الأصدقاء إلى الحفلة. يبنون بيوتاً جميلة. يعيش في أوربا. أنام في الفندق.

2.

حضر الاستقبال رئيس الجامعة وكبار المسؤولين. ستكون الجامعة ملتقى للكثير من هواة الكتب. سيقوم بجولة في معرض الكتب. باعوا في المعرض تقريباً خمسين ألف كتاب. قام معالي وزير الثقافة بالافتتاح. نسيت أسماء دور النشر. بعت كتب الأطفال وكتباً عن الاقتصاد المنزلي والعلوم التقنية والثقافة الإسلامية والأدب العربي. وفى بوعده. جاؤوا ساعتين بعد الموعد. رأيته في المدينة الجامعية. وعدني بخمسة دنانير .

3. Stell die Gläser auf den Tisch! Steh auf! Besucht die Messe! Komm vor Mittag nach Hause zurück! Geh schnell! Fürchte dich nicht vor dem Minister! Schlafe nicht im Unterricht! Sag mir, wer du bist! Sag, wo warst du! Iß das Fleisch! Komm rein! Geh zur Universität! Gib die Dinare her!

4.

دعوتهما إليها. إشتريتها. أخاف منه. نرجع إليها. أراهن. أنساه. مشيت إليها بسرعة. شكرته عليها .

5.

يجب عليّ أن أحجز غرفتين. يجب علينا أن نبيع مشروبات. يجب عليهم أن يفوا بوعودهم. يجب عليك أن تدعي أمك. يجب عليكم أن تجيئوا غداً. يجب عليه أن ينسى أحداث كثيرة. يجب عليها أن تعود .

Lektion 13

L 4

كتبت الرسالة بنفسي / بنفسك / بنفسها.

كتبوا الرسائل بأنفسهم.

هل قدت السيّارة بنفسك؟

فعلت ذلك بنفسي / بنفسك / بنفسها.

هل فعلت ذلك بنفسك / بنفسها؟

هل فعلتم ذلك بأنفسكم؟

إفعل ذلك بنفسك!

إفعلي ذلك بنفسك!

إفعلوا ذلك بأنفسكم!

L 6

كتبت عدة رسائل .

قرأت عدة كتب .

اشتريت عدة جرائد.

دعوت عدة أصدقاء.

شربت عدة كؤوس .

أخذت عدة فناجين .

كنت هناك عدة أيام .

كان هناك عدة أسابيع.

L 7

حضر بعض المعلّمين.

أتى بعض الأصدقاء.

عاد بعض الأعضاء.

رجعت بعض الفتيات.

جاء بعض المرافقين.

أتى بعض الوفود .

عاد بعض الأطّباء.

جاءت بعض الممرضات .

سكن هناك بعض الطلاّب.

عمل بعض المدراء ليل نهار .

حضر الجلسة بعض الرؤساء .

L 8 ✓

من أي بلد أنت؟

في أي شهر ولدت؟

إلى أية مدينة سافرت؟

في أية جامعة درست؟

قي أي فندق كنت تسكن؟

أي وفد كان عندكم.

أي بيت دخل أحمد؟

أية مناسبة حضرت وفود كثيرة؟

G 1 ✓

كان الطلاّب مجتهدين.

كان الطقس بارداً.

كانت الفتاة جميلةً.

كان مرافق الوفد طالباً.

كان الطبيب جديداً.

كان الأطّباء جدداً.

كان الأكل جيّداً.

كانت الغرفة مريحةً.

كانت الأدوية أجنبيةً.

كانت الممرضة جميلةً.

كان المستشفى حديثاً.

كان أحمد مريضاً.

كانت حالته حسنةً.

كان الباص قديماً.

كانت الأدوية غاليةً.

G 2

كان صديقي يسكن في مدينة بون لمدة سنتين.

كان الطالب يمشي إلى المعهد كلّ يوم.

كان أخي يعمل في المدرسة لمدة شهر.

كانت المعلّمة تزور مكتبة المدينة كلّ أسبوع.

كان المريض ينام ساعة واحدة كلّ يوم بعد الظهر.

كان صديقي يكتب رسالة كلّ سنة.

كان أحمد يمشي في شوارع المدينة كلّ مساء.

كان عمر يدرس الطب في جامعة برلين لمدة سنة.

كان صديقنا العربي يزورنا كلّ يوم.

كان المرافق يدعونا إلى بيته كلّ شهر.

كنت أشرب كأساً من العصير كلّ مساء.

كنت أبقى عندهم لمدة شهرين.

G 3

كان أصدقائي يسكنون في مدينة بون لمدة سنتين.

كان الطلّاب يمشون إلى المعهد كلّ يوم.

كان إخوتي يعملون في المدرسة لمدة شهر.

كانت المعلّمات يزرن مكتبة المدينة كلّ أسبوع.

كان المرضى ينامون ساعة واحدة كلّ يوم بعد الظهر.

كان أصدقائي يكتبون رسالة كلّ سنة.

كان أحمد ومحمّد وصالح يمشون في شوارع المدينة كلّ مساء.

كان عمر وأحمد ومحمّد يدرسون الطب في جامعة برلين لمدة سنة.

كان أصدقاؤنا العرب يزوروننا كل يوم.

كان المرافقون يدعوننا إلى بيوتهم كلّ شهر.

كنّا نشرب كأساً من العصير كلّ مساء.

كنّا نبقى عندهم لمدة شهرين.

G 4

وصل كلّ الأصدقاء أمس الأول.

وصل كلّ أصدقائي أمس الأول.

بقي كلّ الطلّاب في المعهد.

سافرت كلّ الفتيات إلى مدينة برلين.

دعونا كلّ معلّمينا إلى الحفلة.

يعمل كلّ الأطّباء هناك.

بعت كل الكتب.

رأيت كلّ المرافقين.

قرأت كلّ الكتب.

زرت كلّ المدن.

فتحت كلّ الشبابيك.

G 5

وصل جميع الأصدقاء أمس الأول.

وصل جميع أصدقائي أمس الأول.

بقي جميع الطلاّب في المعهد.

سافرت جميع الفتيات إلى مدينة برلين.

دعونا جميع معلّمينا إلى الحفلة.

يعمل جميع الأطّباء هناك.

رأيت جميع المرافقين.

G 6

وصل الأصدقاء كلهم أمس الأول.

وصل أصدقائي كلهم أمس الأول.

بقي الطلاّب كلهم في المعهد.

سافرت الفتيات كلهن إلى مدينة برلين.

دعونا معلّمينا كلهم إلى الحفلة.

يعمل الأطّباء كلهم هناك.

بعت الكتب كلها.

رأيت المرافقين كلهم.

قرأت الكتب كلها.

زرت المدن كلها.

فتحت الشبابيك كلها.

G 7

خمسة رجال جدد

اثنا عشر بيتاً قديماً

خمسون ماركاً ألمانياً

مائة وثلاثة عشر مشروعاً مشتركاً

سبعة وفود عربية

كتابان دراسيان

اثنتان وعشرون طالبة مجتهدة

تسع عمارات حديثة

إحدى وأربعون دولة أجنبية

ألف ومائة واثنا عشر دولاراً أمريكياً

مليون مسلم مصري

Komplexübung:

1.

كان صديقه طبيباً. كانت أذناه كبيرتين. كان أنفه طويلاً. كان في دمه كحول. كانت الحبوب مُرّة. كان مريضاً. كانت في فمه أسنان قليلة. كان الألم شديداً. كان العلاج صعباً. كان قلبه كبيراً. كانت ساقاه طويلتين. كان المستشفى جديدا. كانت الممرضات جميلات. كانت الغرفة مريحة. كان الباص قديماً. كان مرافق الوفد طالباً. كان اللحم فاسداً. كانت عيناها جميلتين.

2. Er hatte das ganze Fleisch gegessen. Der Arzt hatte zwei Jahre lang in der gleichen Stadt gearbeitet. Vielleicht kommt er zu der Veranstaltung. Die Lehrerin war zwei Wochen lang jeden Tag 2 Stunden in dasselbe Café gegangen. Vielleicht weiß er die Lösung, vielleicht nicht. Er hatte den ganzen Saft vor der Ankunft der Gäste ausgetrunken. Er wird seine Praxis schon verlassen haben.

3.

عنده نفس المرض. أكل أخوها من نفس اللحم المعلب. جاء كلّ الطلاّب. باعوا نفس الكتاب. باعوا الكتاب بأنفسهم. كانت كلّ العائلة/ العائلة كلّها عند الطبيب. كتبت ذلك بنفسك. إفعلوا ذلك بأنفسكم! أخذ بعض الحبوب بنفسه/ أخذ هو بنفسه بعض الحبوب. قد ذهب أحد المرضى قبل عدة أيام. سأل البعض منهم عن العلاج. كانت إحدى الممرضات جميلة جدا .

Lektion 14

L 1

سافر / سافري / سافروا إلى برلين يوم الأربعاء!

رحِّب / رحِّبي / رحِّبوا بالوزير!

رحِّب / رحِّبي / رحِّبوا بهم الآن!

أنجز / أنجزي / أنجزوا الأعمال حتى يوم الاثنين!

ترجم / ترجمي / ترجموا الكلمات إلى اللغة العربية!

قدِّمنا / قدِّمينا / قدِّمونا إلى الأصدقاء!

سلِّم / سلِّمي / سلِّموا لها كرّاسة جديدة!

رحِّب / رحِّبي / رحِّبوا بالضيوف في المطار!

ترجم / ترجمي / ترجموا هذه الكلمة!

قدِّم / قدِّمي / قدِّموا لهم مشروعاً جديداً!

سلِّم / سلِّمي / سلِّموا له تلك الرسالة شخصياً!

سافر / سافري / سافروا إلى هناك بالقطار!

أنجز / أنجزي / أنجزوا هذا العمل اليوم!

L 2

هل يمكنك أن تسافر غداً إلى هناك؟

متى أمكنكم أن تحدّثوه عن الرحلة؟

أمكنني أن أقابلهم في الفندق.

أمكنها أن تقابلنا في الحفلة.

يمكننا أن نرسل إليكم هذه الأشياء.

أمكنه أن يسافر معنا إلى برلين.

لماذا لم يمكنكم أن تنجزوا واجباتكم؟

أين يمكنني أن أقابلك؟

L 3

الوفد الذي يسافر إلى برلين

الوفود التي وصلت إلى المطار

الأصدقاء الذين يزوروننا غداً

المرافق الذي رافقنا

الطالبان اللذان يدرسان اللغة العربية

مع الطالبتين اللتين تدرسان في معهد هيردر

الفتاة التي حضرت الحفلة

الفتيات اللاتي حضرن الحفلة

التلاميذ الذين ينجزون واجبات كثيرة

عند صديقي الذي قدّم لي كأساً من الماء

أخي الذي أرسل إليّ رسالة

L 4

الرسائل التي كتبتها لها

الأخبار التي سمعناها أمس

القلم الذي اشتريته من ذلك المخزن

السياسيون الذين قابلتهم يوم الخميس

الوفد التجاري الذي رافقته لمدة ثلاثة أسابيع

في الرسالة التي أرسلتها إلى عائلتي

الواجبات التي أنجزها بسرعة

الهدية التي قدّمتها لي صديقتي

الضيوف الذين قدّمهم صديقنا إلينا

الفلم الذي نشاهده يوم الجمعة

العائلة التي أعرفها

الضيوف الذين نرحّب بهم

هنا المكتبة التي أذهب إليها كلّ يوم

السيّارة الجديدة التي أسافر بها إلى برلين غداً

الجامعة التي قابلت صديقتي أمامها

هذا الشخص الذي حدّثتني صديقتي عنه

في البَلَدين اللذين سمعنا عنهما كثيراً

الخزانة التي وضعت الكتب فيها

أين المخزن الذي اشتريت الهدايا منه

المدن التي كنتم فيها مدة طويلة

القاعة التي كنّا فيها

G 1

نقدّم إليكم أصدقاءنا – متى يقدّمونه إليك؟ – يقدّم أحمد نفسه – أقدّم/ تقدّم/ تقدّمين له هذه الهدية – هل تقدّمون لهم بعض الشراب؟

يرحّب بنا مدير المعهد – نرحّب بضيوفنا الأجانب – يرحّب الرئيس بأعضاء الوفد الفرنسي.

إلى أين تسافر الوفود؟ – تسافر إلى برلين بالقطار – نسافر إلى هناك بالطائرة – هل يسافر السياسيون اليوم؟

هل تشاهد/ تشاهدين ذلك الفلم؟ – نعم أشاهده مساء اليوم – نعم نشاهده اليوم – يشاهدون اليوم الأبنية الحديثة.

يترجم الطالب الكلمات الجديدة إلى اللغة الألمانية – أترجمها إلى اللغة العربية - تترجم المعلّمة الرسالة من اللغة الفرنسية إلى اللغة الألمانية.

هل يحدّثكم صديقكم عن رحلته؟ – نحدّثه عن دراستنا في مصر – تحدّثنا هيفاء عن الحياة في بلادها.

يسلّم أحمد عدنان الكتاب – نسلّمكم المبلغ اليوم – أسلّم الأشياء فوراً.

يفرحنا ذلك – يفرحني ذلك – هل تفرحكم الهدايا؟

ترافق الوفد طالبة ألمانية – أرافق صديقي إلى المحطّة – يرافقني إلى المسرح صديق إنكليزي.

من تقابل/ تقابلين هناك؟ – أقابل/ تقابل/ تقابلين هناك صديقاً جزائرياً – نقابل اليوم عدداً من الضيوف الأجانب.

هل يمكنك أن تسافر إلى هناك؟ – يمكنني أن أفعل ذلك – يمكننا أن ننجز واجباتنا فوراً.

متى تنجزون واجباتكم؟ – هل تنجز/ تنجزين عملك بنفسك؟ – ينجزون العمل بعد ثلاث ساعات.

يرسل الطالب رسالة إلى عائلته – هل ترسل/ ترسلين هدية إلى صديقك؟ – متى ترسل/ ترسلين البطاقة إلى أصدقائك؟

لماذا تُحضر/ تحضرين جميع الطلاّب إلى هنا؟ – لماذا تحضرون معكم أربعة كتب فقط؟ – أعرف أنّهما يحضران معهما نقوداً كثيرة.

G 2

قدّم / يقدّم الطالب هدية لصديقه.

قدّموا / يقدّمون إلينا أصدقاءهم.

متى قدّمتم / تقدّمون إليّ ذلك الرجل؟

متى حدّثتموهم / تحدّثونهم عن واجباتهم؟

هل حدّثها / يحدّثها المعلّم؟

لماذا حدّثك / يحدّثك الموظّف؟

هل رحّب / يرحّب بهم الرئيس؟

من رحّب / يرحّب بالوفد المصري؟

متى رحّبوا / يرحّبون بالضيوف؟

إلى أين سافر / يسافر الوفد؟

هل سافرتم / تسافرون بالسيّارة أم بالقطار؟

هل سافروا / يسافرون يوم الأحد؟

هل شاهدت / تشاهدين تلك البطاقات؟

شاهدن / يشاهدن كلّ الأفلام.

متى شاهدت / تشاهد أولئك الأشخاص؟

هل أمكنك / يمكنك أن تفعل ذلك؟

متى أمكنكم / يمكنكم أن تذهبوا إلى هناك؟

أين أمكنكم / يمكنكم أن تقابلوهم؟

أنجزنا / ننجز عملنا بعد ساعتين.

أنجز / ينجز الوفد واجبه بعد أسبوع.

أنجز / ينجز التلاميذ هذا العمل بسرعة.

إلى من أرسلت / ترسل هذه الرسالة؟

أرسلت / ترسل الحكومة أدوية إلى مصر.

أرسلناها / نرسلها إلى المعهد.

G 3

لا، لم أواصل/ تواصل الجولة بعد.

لا، لم نرسل لهم رسالة بعد.

لا، لم ننجز عملنا بعد؟

لا، لم يمكننا أن نفعل ذلك بعد.

لا، لم أقابلها بعد.

لا، لم أشاهد ذلك الفلم بعد.

لا، لم أسافر/ تسافر إلى القاهرة بعد.

لا، لم نرحّب بصديقكم بعد.

لا، لم نحدّثهم عن الدراسة بعد.

لا، لم أقدّم الصديق إليهم بعد.

لا، لم أترجم/ تترجم الكلمات بعد.

G 4

يعود صديقي من برلين.

تفي صديقتي بوعدها.

تنسى الطالبة مواعيدها.

يضع الطالب الكتاب تحت الشنطة.

يأتي أعضاء الوفد صباحاً.

يرى عمر في المخزن كتباً جديدة.

ترجو هيفاء أصدقاءها أن يذهبوا معها.

تنام الطالبات كثيراً.

تضع صديقتي على الطاولة كؤوساً.

يعد الطالب صديقه بزيارة العاصمة.

ترجو الفتاة أن تذهب إلى المسرح.

يزور الوفد جامعتنا.

يقول محمّد إنّني أشرب كأساً واحدة.

يبيع صديقي بيته.

يمشي الرجال إلى قاعة الاجتماع.

يلقى صديقي فتاة شقراء.

يضع الطالب الكتاب في الشنطة.

يدعو الطالب صديقته إلى الحفلة.

تمشي الطالبات إلى المخزن.

يبيع الطالب كتبه.

يقول صديقنا العربي إنّني أكلت قليلاً.

تعود الفتيات إلى بيتهن.

يزور صديقي عدداً من البلدان العربية.

يقوم أصدقائي بنزهة جميلة.

يعود الوفد اليوم.

تزور الوفود مدينة برلين.

يفي المعلّمون بوعدهم.

يجيء المرافق إلى قاعة الطعام.

تجيء صديقتي إليّ .

يرى محمّد هناك رجالاً كثيرين.

يصل الأصدقاء مساء اليوم.

تعود الطائرة من القاهرة.

يصل الوفد إلى برلين بالطائرة.

يعود الأصدقاء صباحاً.

تصل الوفود إلى هنا.

يقوم رئيس الوفد.

يبني العمال مباني رائعة.

يفي محمّد بوعده.

ينسى الطالب الكلمات الجديدة.

يأتي الوفد مساء اليوم.

يجيء أحمد حسب الموعد.

يرى أحمد صديقه أمام مخزن السيّارات.

يرجو محمّد أصدقاءه أن يحضروا إليه.

يزور الرجال ذلك الجبل.

يقول صديقي إنّني مجتهد.

يبيع الرجل سيّارته.

يمشي الأصدقاء إلى المقهى.

يعد أحمد أصدقاءه بألف دولار.

يضع الطالب المعطف في الخزانة.

يلقى المعلّم أصدقائي في المخزن.

يقود المرافق السيّارة بسرعة.

تخاف المعلّمة من السفر بالطائرة.

يسير صديقي بالقطار.

يقوم محمّد من النوم.

K 1

Kairo: Der ägyptische Präsident sagte in seiner Eröffnungsansprache auf der ersten Sitzung des afrikanischen Gipfeltreffens: "Gestatten Sie mir, daß ich meine große Genugtuung über die Durchführung des afrikanischen Gipfeltreffens in Ägypten zum Ausdruck bringe. Ich freue mich sehr, daß Sie hierher gekommen sind, um in diesen wenigen Tagen große Aufgaben zu bewältigen." An dem Gipfel nehmen 33 Staatschefs, 8 Regierungschefs, 11 Delegationsleiter sowie Vertreter der Vereinten Nationen teil.

Riyadh: Die französische Delegation unter Leitung des Außenministers setzt heute ihren Besuch des Königreiches mit einer Rundreise in einigen Wirtschaftseinrichtungen und Agrarbetrieben fort. Zu erwähnen ist, daß der Leiter der französischen Delegation seinen saudischen Amtskollegen treffen wird, um die bilaterale Zusammenarbeit in der Landwirtschaft und im militärischen Bereich zu diskutieren.

Bagdad: Der jordanische Verteidigungsminister traf in Bagdad ein. Bei seiner Ankunft auf dem Flughafen wurde er von seinem irakischen Amtskollegen begrüßt. In einer Presseerklärung sagte der Minister, daß die ausgezeichneten Beziehungen zwischen den beiden befreundeten Ländern im Bereich der Verteidigung ein eindeutiger Beweis für das hohe Niveau der Zusammenarbeit sei, das zwischen den beiden Völkern und Staaten besteht. Zu erwähnen ist, daß der jordanische Minister ein persönliches Schreiben des jordanischen Königs überbrachte.

Sanaa: Die gestern erschienenen jemenitischen Zeitungen meldeten mit Bezug auf einen Verantwortlichen im Gesundheitsministerium, daß die Durchfall- und Cholera-Erkrankungen in einigen jemenitischen Provinzen zu zahlreichen Todesopfern unter den Bürgern dieser Provinzen geführt haben. Die Quellen sagen auch, daß die Situation möglicherweise auf hygienische Ursachen zurückzuführen ist.

Kairo: Am kommenden Freitag trifft der syrische Außenminister zu einem kurzen Arbeitsbesuch in Kairo ein. Während des Besuches wird er mit dem Außen- und dem Verteidigungsminister die Entwicklung der Lage in der Region erörtern und möglicherweise einen neuen Entwurf zur Erweiterung der bilateralen Zusammenarbeit im militärischen Bereich unterbreiten.

Komplexübung:

1.

نقدّم إليكم ضيوفنا. يرحّبون بالرئيس. يسافرن إلى باريس. نشاهد هذه المسرحية. أترجم/ تترجم الكلمة الطويلة. يسلّم الكتاب. أرافقها/ ترافقها إلى البيت. تقابلون الوفود. ننجز العمل. أرسل/ ترسل رسائل كثيرة. يمكنه أنْ يسافر إلى مصر. يخبرهم بنتائج الانتخابات. تسفر الجولة عن حلول سريعة. يشاركون في المؤتمر. تعبّرون عن ارتياحكم. أعطيه/ تعطيه/ تعطينه كتاباً. تفرحني هذه الأخبار. تسفر الأزمة الطويلة عن مشاكل كبيرة. نواصل المناقشة . يحدّثنا عن التطوّرات في الداخل. نرسله إلى الطبيب .

2.

كان الوزير الذي وصل أمس مريضا. أرسلت وزارة الصحة التي كنت فيها أمس أطبّاء كثيرين إلى المحافظات. قرأت خبراً جاء فيه أنّ مرض الكوليرا أسفر عن وفاة الكثير من المواطنين. واصل وزير الخارجية الذي وصل من إسرائيل جولته في سوريا. قدّم مشروعاً يرحّب فيه بالحلول الجديدة. لم تكن الكلمة التي عبّر فيها عن ارتياحه طويلة جدا. قال في محادثاته مع وزيري الصحة والدفاع إنه سيواصل عمله. إن المستشار الألماني الذي عبر عن ارتياحه بالعلاقات الجيّدة أخبر الرئيس بانه سيقدّم براهينَ جديدة. واصل الوفدان اللذان يرأسهما وزيرا التعليم والاقتصاد المحادثات بعد ساعتين. بعث برسالة قدّم فيها براهينَ

جديدة. عادت المعلّمات اللاتي أرسلتهن الوزارة إلى المحافظات إلى العاصمة. بحث الوضع الجديد في المنطقة مع بعض الرؤساء الأفارقة بعد الجلسة الختامية للقمة الأفريفية .

3.

لم أرسل/ ترسل/ ترسلي لهم عدة رسائل. لم تنجزوا عملكم. لم أقابل الوزير. لم يشاهدوا المسرحية. لم نرحّب بالوفد. لم تحدّث عن زيارة الطبيب. لم يواصل الكلمة. لم تفرحه بعض هذه الحلول. لم يسفر القرار عن بعض النتائج الجيّدة. لم يكن في غرفته. لم تكن بعض الطالبات جميلات. ليس وزيراً. لا تواصل الكلمة! لا تقوموا بزيارة هذا البلد ! لا تعودي إلى البيت قبل الظهر ! لا تأكل اللحم الفاسد!

4.

خمس قطراتٍ — كتابانِ

سبع صيدلياتٍ — ثمانية عشر طالباً

اثنا عشر مستشفى — ثلاثة وعشرون عاماً

إحدى وعشرون حبةً — مائة كرسي و كرسيانِ

مائة وصفةٍ — في عام ألف وأربعمائة واثني عشر بعد الهجرة

في سنة ألف وأربعمائة واثنتي عشرة بعد الهجرة

ألف ضيفٍ — في عام ستمائة واثنين وعشرين بعد الميلاد

في سنة ستمائة واثنتين وعشرين بعد الميلاد

خمسة آلاف مريضٍ — في عام ألف وتسعمائة وتسعة وتسعين قبل الميلاد

في سنة ألف وتسعمائة وتسع وتسعين قبل الميلاد

Lektion 15

L 2

أعطى IV/ ألغى IV / أراد IV/ طوّر II/ ألقى IV/ أعلن IV/ بين II/ أنهى IV/ أوضح IV/ أجاب IV/ أيد II/ أجرى IV/ واصل III/ غير II

ألغى الموعد مع المدير.

أراد أن يمشي إلى المدينة.

أعطى صديقه بطانية.

أوضح الوضع في البلد.

أعلن نتائج الانتخابات.

أنهى المؤتمر بكلمة ختامية.

أجاب على الأسئلة الصعبة.

أيد سياسة البلدان العربية.

ألقى كلمة بمناسبة العيد الوطني.

أجرى محادثات مع الوفود العربية.

بين لنا ميزة مناخ الصحراء .

غيّر برنامج الزيارة.

واصل الرحلة بعد يومين .

L 3

لا أعرف ما حدث.

لا أعرف كلّ من حضر الحفلة.

إحك لي (عن من) عمن قابلت من الأشخاص!

نرحّب بمن جاء إلينا من الخارج.

حكى لنا ما سمع من أخبار.

هل تعرف ما عندهم من قضايا؟

كتب لي (عن ما) عمّا يدرس من اللغات.

أعرف كلّ من زار معهدنا أمس.

رحّبنا بمن عندكم من الضيوف.

ألغوا كلّ ما في برنامجهم من مواعيد.

G 1

يقيم وزير الخارجية حفلة استقبال.

يلقي رئيس الجمهورية كلمة قصيرة.

يرحّب مدير المعهد بضيوفه.

نرحّب مساء اليوم بضيوفنا.

يرحّب وزير الخارجية برئيس الوفد العربي.

تؤيّد ألمانيا سياسة البلدان العربية.

تؤيّد فرنسا سياسة العرب.

يجيب رئيس الوفد العربي بكلمة قصيرة.

تجيب الطالبة على سؤال المعلم.

يوضح رئيس الوفد موقفه.

ينهي الوفد السوري زيارته لبلدنا اليوم.

ننهي سفرنا اليوم.

يبيّن لي معلّمي الدرس الجديد.

يبيّن لنا من هو صديقنا.

نقف إلى جانب البلدان العربية.

يعلن رئيس الجمهورية أنّنا سنطوّر بلادنا.

نطوّر بلادنا.

يريد محمّد أن يسافر إلى باريس.

أريد/ تريد/ تريدين أن أدرس اللغة العربية.

تريد صديقتي أن تشرب كأساً من النبيذ.

يغيّر الوفد العربي برنامجه.

ألغي سفري.

يعطيني أحمد كتابه.

هل أعطيه / تعطيه / تعطينه كرّاستك؟

أرسل / ترسل / ترسلين كلّ البطاقات إلى الخارج.

يواصل الطالب دراساته.

تواصل الطالبة دراساتها في الجامعة.

يواصل الوفد السوري سفره.

يواصل الوفد محادثاته مع المسؤولين.

يوصلنا / نوصل المرافق إلى مدير المصنع.

أوصله / توصله / توصلينه إلى مدير المعهد.

G 3

رحّبنا أمس بالضيوف العرب.

رحّبت بصديقتي أمام المسرح.

أجبنا على أسئلة معلّمينا.

أيّدنا هذه السياسة.

أوضح الوزير القضايا التجارية.

أنهى الوفد سفره أمس.

أنهيت هذا العمل أمس.

وقفنا إلى جانب البلدان العربية.

بيّن وزير الخارجية للطلاّب سياسة تلك البلدان.

طوّرت حكومة الجزائر علاقاتها السياسية مع ألمانيا.

أراد أحمد أن يشاهد الفلم الجديد.

أردت أن أشرب كأساً من البيرة.

أرادت صديقتي أن تشرب فنجاناً من القهوة.

أردنا أن نسافر إلى مدينة برلين.

أراد أخي أن يرسل رسالة إلى عائلته.

ألغى الوزير سفره.

واصل الوفد محادثاته مع المسؤولين.

واصل وزير الخارجية سفره.

G 4

رحّب / رحّبوا بالضيوف!

أيّدوا هذه السياسة!

أجب / أجيبوا على الأسئلة!

أوضح / أوضحوا لي هذه القضية!

طوّروا بلادكم بكل قواكم!

غيّر / غيّروا البرنامج!

أعطني / أعطوني زجاجة من العصير!

- كأساً من الماء
- فنجاناً من القهوة
- كأساً من البيرة
- فنجاناً من الشاي
- بعض البطاقات
- العدد الجديد من المجلّة
- نسخة واحدة
- الكتاب
- النقود

- هذا

واصل دراستك!

أنه / أنهوا العمل حتى صباح اليوم!

- العمل حتى صباح الغد
- الواجب حتى مساء اليوم
- الكتابة حتى مساء الغد
- المشروع بعد ساعة
- الاستقبال بعد ساعتين

أوصلنا / أوصلونا إلى هناك!

G 5

لم يجب الطالب على السؤال بعد.

لم ينه الوفد السوري زيارته لبلدنا بعد.

لم أنه عملي بعد.

لم يرد محمّد أن يسافر بالسيارة.

لم ترد الفتاة أن تشرب كأساً من العصير.

لماذا لم يغيّر الوفد برنامجه بعد؟

لماذا لم يلغوا الزيارة؟

لم يعطني كتاباً واحداً.

لماذا لم تعطني/ تعطيني نقوداً بعد؟

لم أرسل / ترسل / ترسلي كلّ البطاقات إلى الخارج بعد.

لم أنه هذا العمل أمس.

لم يرد أحمد أن يشاهد الفلم القديم بعد.

لم أرد أن أشرب كأساً واحدة.

لم يرد أخي أن يرسل رسالة إليهم بعد.

لم يواصل الطالب دراساته بعد.

لم يواصل الوفد المحادثات مع المسؤولين بعد.

Komplexübung:

1.

يقيم وزير الخارجية حفلة استقبال. يلقي الرئيس كلمة. توضح المعلّمة الدرس الجديد. نريد أن نقوم برحلة إلى الصحراء. يصيب الهدف بالبندقية. يعلن الرئيس افتتاح المؤتمر. ينهون الرحلة في الشتاء. تؤيّد الحكومة كلّ القرارات. تجيبون على كلّ الأسئلة. يخفف الهواء الجافّ من وطأة الحرارة. تؤدّي الكوارث إلى وفاة الكثير من المواطنين. يعاني البلد من عواصف شديدة. يغيّر أحمد برنامج الرحلة. أعطيه / تعطيه/ تعطينه الحبوب والأدوية الأخرى.يصيبون العقارب والعناكب بالبندقية. تخاف من الحيوانات الخطيرة. نبقى في الصحراء لمدة أسبوع. نضيّع الطريق. تفكّرون في حلول جديدة. تلغي الوزارة كلّ البرامج.

2.

لم يقم وزير الخارجية حفلة استقبال. لم يلق الرئيس كلمة. لم توضح المعلّمة الدرس الجديد. لم نرد أن نقوم برحلة إلى الصحراء. لم يصب الهدف بالبندقية. لم يعلن الرئيس افتتاح المؤتمر. لم ينهوا الرحلة في الشتاء. لم تؤيّد الحكومة كلّ القرارات. لم تجيبوا على كلّ الأسئلة. لم يخفف الهواء الجافّ من وطأة الحرارة. لم تؤد الكوارث إلى وفاة الكثير من المواطنين. لم يعان البلد من عواصف شديدة. لم يغيّر أحمد برنامج الرحلة. لم أعطه / تعطه/ تعطيه الحبوب والأدوية الأخرى. لم يصيبوا العقارب والعناكب بالبندقية. لم تخف من الحيوانات الخطيرة. لم نبق في الصحراء لمدة أسبوع. لم نضيّع الطريق. لم تفكّروا في حلول جديدة. لم تلغ الوزارة كلّ البرامج.

3.

لم يأت بعد. لم تلغ الرحلة بعد. لم يعطني كتاباً بعد. لم ينهوا الجلسة بعد. لم نجر المحادثات بعد. لن يقيموا حفلة استقبال. لن يصيب العقرب بالبندقية.

4.

ألغوا كلّ ما في البرنامج من مواعيد. لا أعرف كلّ من زار المعهد في هذا اليوم. قل لي من رأيت في الصحراء. لم يقل ما حدث في أيّام الرحلة. من أصاب الهدف هو صديقي .

5.

عزيزي محمّد

تحية طيبة وبعد

كيف حالك وكيف حال العائلة؟ كنت مع بعض الأصدقاء في الصحراء. كانت الرحلة جميلة جدًّا. كانت درجة الحرارة مرتفعة جدًّا في النهار وباردة جدًّا في الليل. شاهدت فيضاناً (سيلاً) والكثير من حيوانات الصحراء يعني عقارب وحيات وعناكب سامّة وحيوانات خطيرة أخرى لا أعرف أسماءها العربية .

نمنا ثلاثة أيام تحت نجوم سماء الصحراء. في الأسبوع القادم نقوم برحلة إلى الجبال. أما فيما يخص الدراسة فكل شيء على ما يرام بما في ذلك المحاضرات في الطب .

إن شاء الله أراك في الشهر القادم

صديقك المخلص

بيتر

Lektion 16

L 1

رخصة (واحدة) / موظّف (واحد)، إحدى عشرة رخصة / أحد عشر موظّفاً، واحدة وخمسون رخصة، واحد وخمسون موظّفاً

بيتان / مدرستان، اثنا عشر بيتاً / اثنتا عشرة مدرسة ، اثنان وعشرون بيتاً / اثنتان وعشرون مدرسة

ثلاث ليرات / ثلاثة دنانير، ثلاث عشرة ليرة / ثلاثة عشر ديناراً، ثلاث وعشرون ليرة / ثلاثة وعشرون ديناراً

أربع ساعات / اربعة أشهر، أربع عشرة ساعة / أربعة عشر شهراً، أربع وعشرون ساعة / أربعة وعشرون شهراً

خمسة كيلومترات / خمس سنوات، خمسة عشر كيلومتراً / خمس عشرة سنة، خمسة وأربعون كيلومتراً / خمس وأربعون سنة

ستة ملاليم / قروش، ستة عشر مليماً / قرشاً، ستة وخمسون مليماً / قرشاً

سبعة أمتار / أيام، سبعة عشر متراً / يوماً، سبعة وستون متراً / يوماً

ثمانية سنتيمترات / كتب، ثمانية عشر سنتيمتراً / كتاباً، ثمانية وسبعون سنتيمتراً / كتاباً

تسعة أيام / تسع سنوات / تسعة عشر يوماً / تسع عشرة سنة، تسعة وثمانون يوماً / تسع وثمانون سنة

عشر دقائق / عشرة أسابيع، عشرون دقيقة / أسبوعاً، ثلاثون دقيقة / أسبوعاً

أحد عشر جنيهاً / يوماً، واحد وعشرون جنيهاً / يوماً، أربعون جنيهاً / يوماً

اثنا عشر فلساً / شخصاً، اثنان وعشرون فلساً / شخصاً، خمسون فلساً / شخصاً

ستون / سبعون / ثمانون موظّفاً / سنة

تسعون ليرة / جنيهاً، مائة ليرة / جنيه، مائة ليرة / جنيه وليرة / وجنيه

مائتا متر / دولار، ثلاثمائة متر / دولار، أربعمائة متر / دولار

ألف شخص / كيلومتر، ألفا شخص / كيلومتر، عشرة آلاف شخص / كيلومتر

L 5

أقوم من النوم في الساعة...

آكل طعام الفطور...

أخرج من البيت...

أصل إلى المعهد...

تبدأ الدروس...

آكل طعام الغداء...

أخرج من المعهد...

أذهب إلى المكتبة...

أعود إلى البيت...

آكل طعام العشاء...

أفتح جهاز التلفزيون...

وصل الوفد ... إلى المطار.

أقابل صديقتي...

تبدأ الحفلة...

الساعة الآن...

نمت...

كنت في المعهد ...

أعرف الجواب...

L 8

كنت في هذه السنة ... في المسرح.

أسافر في السنة ... إلى الجبال.

قرأت الدرس السادس عشر من هذا الكتاب...

أذهب في الشهر ... إلى المكتبة .

سافرت في حياتي ... بالطائرة.

أكتب في الشهر ... رسالة لصديقي (لصديقتي).

كنت ... في برلين.

كنت ... في الخارج.

أذهب في الشهر ... إلى المصرف.

أفتح في الأسبوع جهاز التلفزيون...

G 1

في الشهر الخامس، في الأسبوع الثالث، في السنة التاسعة، في القرن العاشر، في الساعة الرابعة، في الأسبوع الثامن، في اليوم السادس، في القرن السابع، في الساعة الثانية، في اليوم الحادي عشر، في الشهر الثاني عشر، في السنة الخامسة، في السنة الحادية عشرة، في القرن التاسع، في الشهر الثاني، في الأسبوع السابع، في القرن الثامن، في الساعة الثانية عشرة، في اليوم الأول، في الأسبوع السادس، في اليوم العاشر، في الأسبوع الخامس عشر، في السنة التاسعة عشرة، في الشهر السادس عشر، في القرية الثالثة عشرة، في المدينة الثمانية عشرة، في السنة الرابعة عشرة، في اليوم السابع عشر

G 2

ثلاث سنوات، أحد عشر أسبوعاً، عشرون قرناً، أربع سنوات، عشرة اجتماعات، خمس نسخ، خمسة عشر يوماً، ثمانية اشهر، تسع ساعات، مخزنان، دقيقة واحدة، سبع ساعات، تسعة عشر اجتماعاً، ثمانية عشر قرناً، ثلاثة عشر شهراً، اربعة عشر يوماً، سبع عشرة دقيقة، اثنتا عشرة قاعة، ستة مخازن، ستة عشر أسبوعاً

G 4

هل يمكنك أن تسافر إلى هناك؟ – يمكنني أن أفعل ذلك – يمكننا أن ننجز واجباتنا فوراً.

متى تنجزون واجباتكم؟ – هل تنجز/ تنجزين عملك بنفسك؟ – ينجزون العمل بعد ثلاث ساعات.

يرسل الطالب رسالة إلى عائلته – هل ترسل/ ترسلين هدية إلى صديقك؟ – متى ترسل/ ترسلين البطاقة إلى أصدقائك؟

لماذا تُحضر / تحضرين جميع الطلّاب إلى هنا؟ – لماذا تحضرون معكم أربعة كتب فقط؟ – أعرف أنّهما يحضران معهما نقوداً كثيرة.

نقدّم إليكم أصدقاءنا – متى يقدّمونه إليك؟ – يقدّم أحمد نفسه – أقدّم / تقدّم / تقدّمين له هذه الهدية – هل تقدّمون لهم بعض الشراب؟

يرحّب بنا مدير المعهد – نرحّب بضيوفنا الأجانب – يرحّب الرئيس بأعضاء الوفد الفرنسي.

إلى أين تسافر الوفود؟ – تسافر إلى برلين بالقطار – نسافر إلى هناك بالطائرة – هل يسافر السياسيون اليوم؟

هل تشاهد / تشاهدين ذلك الفلم؟ – نعم أشاهده / تشاهده مساء اليوم – نعم نشاهده اليوم – يشاهدون اليوم الأبنية الحديثة.

يترجم الطالب الكلمات الجديدة إلى اللغة الألمانية - أترجمها إلى اللغة العربية –تترجم المعلّمة الرسالة من اللغة الفرنسية إلى اللغة الألمانية.

هل يحدّثكم صديقكم عن رحلته؟ – نحدّثه عن دراستنا في مصر – تحدّثنا هيفاء عن الحياة في بلادها.

يسلّم أحمد عدنان الكتاب – نسلّمكم المبلغ اليوم – أسلّم الأشياء فوراً.

يفرحنا ذلك – يفرحني ذلك – هل تفرحكم الهدايا؟

ترافق الوفد طالبة ألمانية – أرافق صديقي إلى المحطّة – يرافقني إلى المسرح صديق إنكليزي.

تقابل / تقابلين هناك؟ – أقابل / تقابل / تقابلين هناك صديقاً جزائرياً –نقابل اليوم عدداً من الضيوف الأجانب.

Komplexübung:

1.

بيتٌ، خمسة وتسعون موضوعاً، أربعة أقمار صناعية

خمس مدارس، مائة ولد وولد، عشرة كثبان

ثلاث رخص، سبع بنادق، فيضانان

إحدى عشرة شهادة، تسعة اِختبارات، اثنتان وعشرون واحة

واحد/ أحد وعشرون زوجاً، ستة بنوك، مائة وإحدى عشرة كرة

ثلاثة عشر طابعاً، خمسة عشر عقرباً، تسع عشرة شجرة

2.

البيت الأول، الموضوع الخامس والتسعون، القمر الصناعي الرابع

المدرسة الخامسة، الولد الأول بعد المائة، الكثيب العاشر

الرخصة الثالثة، البندقية السابعة، الفيضان الثاني

الشهادة الحادية عشرة، الإختبار التاسع، الواحة الثانية والعشرون

الزوج الحادي والعشرون، البنك السادس، الكرة الحادية عشرة بعد المائة

الطابع الثالث عشر، العقرب الخامس عشر، الشجرة التاسعة عشرة

3.

ولدت في الحادي والثلاثين من كانون الأول عام ألف وتسعمائة وأربعة وتسعين. كان أبي، رحمه الله، يعمل لمدة سنتين معلّماً في المدرسة الابتدائية الخامسة. أخي الثالث حلاّق. أنا طالب في السنة الثانية. تضم الجامعة ثماني كليات. عندي أربعة أولاد. ابني الرابع مهندس. يجب عليكم/عليك أن تذهبوا/ تذهب إلى الطابق الثامن وأن تعودوا بعد ذلك إليّ مرّة أخرى. يعمل في الشعبة الفنية في الطابق السابع.

4.

في الساعة:

العاشرة والنصف	الثانية ألا خمس دقائق
التاسعة والربع	الخامسة واثنتين وعشرين دقيقة
العاشرة وسبع عشرة دقيقة	السابعة وخمس وعشرين دقيقة
السادسة إلاّ الربع	الثالثة إلاّ ثلاث وعشرين دقيقة
الواحدة والثلث	العاشرة إلاّ الثلث

عامَ / في عامِ

ألف وتسعمائة وثمانية عشر

ألف وسبعمائة وثمانية وتسعين

ألف وتسعمائة وخمسة وأربعين

يتوقّع الطلاّب نتائج ممتازة في دراستهم.

تتوقّع الطالبات نتائج ممتازة في دراستهن.

يتعادل الفريقان.

تتعادل الفرق كلها.

أشاهد/ تشاهد/ تشاهدين هذا الفلم (اليوم، في برلين، مع أصدقائي).

تتأخّر بداية المباراة (الحفلة، المحادثات) عشرين دقيقة (عشر دقائق، ربع ساعة، نصف ساعة، ساعة واحدة، ساعتين).

يتأخّر الرئيس (الضيوف، الطلاّب، التلاميذ) قليلاً (كثيراً).

يتأخّر خمس دقائق.

أتأخّر/ تتأخّر/ تتأخّرين خمس عشرة دقيقة.

يتأخّر القطار ثلاثين دقيقة.

نأمل ألا (أن لا) يتأخر القطار.

نأمل أن يأتي اليوم.

نأمل ألا تتأخّر بداية المباراة.

يتمكّن هذا النادي من أن يفوز على جميع خصومه.

يتمكّن التجّار من أن يعقدوا صفقات ممتازة.

تتمكّن الحكومة من بناء اقتصاد جديد.

يتحمّس المتفرّجون لنادي الأهالي.

يتحمّس الناس بعد أن سجل فريقهم أهدافاً كثيرة.

يتمتّع الرئيس بشعبية واسعة.

تتمتّع أنواع الرياضة المختلفة بمساعدة الحكومة.

G 4

لم نتفرّج عليها.

لم أشاهده/ تشاهده .

لم تتأخّر بدايتها.

لم تتأخّر.

لم تتأخّر بدايتها.

لم يتأخّر الحكم.

لم يتأخّر الصديق.

لم يتعادل الفريقان.

لم يتمكّن من كتابتها.

لم أتمكّن/ تتمكن من أن أرجع/ ترجع إلى البيت.

لم يتمكّن من أن يقابله قبل السفر.

لم يتوقّع هزيمة منتخب بلده.

G 5

الطبيب دعوناه فوراً

المريض نقلته السيّارة إلى المستشفى

عمر أزوره صباح الغد

أصدقاؤنا قابلتهم أمس

الحفلة حضرتها وفود كثيرة

هذه السيّارة سعرها مرتفع

هذا البلد عاصمته جميلة

جامعة برلين كنت أدرس فيها أربع سنوات

ذلك البيت كنّا نسكن فيه أسبوعين

الطالبات كنت معهن في المسرح

الوفود الأجنبية هل وصلت أمس؟

أصدقاؤنا هل رأيتهم؟

أصدقاؤنا متى رأيتهم؟

مريم إلى أين تمشي؟

تلك الكتب لماذا بعتها؟

Komplexübung:

1.

يراهنون على فريقهم. أتأخر / تتأخر / تتأخرين بخمس دقائق. نحرز ميداليات كثيرة. يتحمّس أنصار كرة القدم. يتراوح عدد الأنصار بين ألفين وثلاثة آلاف. يصبح تسويق الرياضيين فرعاً اقتصادياً خاصّاً. يسجّلون خمسة أهداف . تعادل قيمة جمال السباق الجيّدة قيمة أحصنة السباق المشهورة. يتعادل المنتخبان دون أهداف. يغنّى الأغنية الشعبية في الملعب. تتفرّجين على الملاكمة والمصارعة. تتمتّع أنواع الرياضة المختلفة بشعبية واسعة. يتمكّن اللاعب من أنْ يسجّل كلّ الأهداف. نتوقّع ما هو مستحيل. يشاهدون المباريات النهائية في التلفزيون.

2.

قال إنّهم تفرّجوا على المباراة. أظنّ أنّه لا يلعب كرة القدم. من تمكّن من أنْ يسجّل الهدف؟ سمعت أنّ ألعاب الساحة والميدان تتمتّع بنفس الشعبية. قالت إنّ الملك قام بتوزيع الأوسمة. لا تقل "أنْ" بعد قال ! أريد أنْ أراها بعد الحفلة. أعلن الرئيس أنّه يسافر إلى أمريكا.

3.

وفى ب / حال دون / عرض على / وصف ل، ب / تبع ل / أدّى إلى / أشرف على / ربط ب / رحّب ب / أسفر عن / أضاف إلى / عبّر عن / عانى من / قدّم ل، إلى / أجاب على / وقّع على / وعد ب / حصل على / تفرّج على / شارك في/ قام ب / نظر إلى / رغب في / سمح ل ب / نصح ب / شعر ب / دعا إلى / عاد إلى، من / قال ل / ذهب إلى / سلّم ل، على / رجع من، إلى / سكن في / وصل إلى / تراوح بين ... وبين / شارك في / زوّد ب / جاء إلى، من

4.

ذلك الفندق كنّا نسكن فيه أسبوعين. الطالبات كنت معهن في المسرح. الوفود الأجنبية هل وصلت أمس؟ مرافقنا هل رأيته؟ أصدقاؤنا متى رأيتهم؟ صباح إلى أين تمشي؟ تلك البيوت لماذا بعتها؟ الطبيب دعوناه فوراً. المريض نقلته السيّارة إلى المستشفى. أحمد أزوره صباح الغد. مديرنا قابلته أمس. الحفلة حضرتها وفود كثيرة. هذه السيّارات أسعارها مرتفعة. هذا البلد عاصمته كبيرة. جامعة باريس كنت أدرس فيها من ١٩٩٤ - ١٩٩٨.

5.

تحت الطاولة التي باعها أحمد / مع المدرسين الذين حضروا الاجتماع / عند الشجرتين اللتين رأيتهما في مركز المدينة / مع مريم وصباح اللتين ذهبتا إلى الجامعة / مع محمّد وصباح اللذين رأيتهما في الدكّان / الكتاب الذي اشتريته / الرجل الذي قابلته في الفندق / البلدان التي شاركت في المؤتمر / مع الطالبات اللاتي رجعن إلى الجامعة / في البيتين اللذين كنت فيهما / عند الطلاّب الذين درسوا في ألمانيا

6.

تتمتع انواع الرياضة المعروفة في أوربا مثل كرة القدم وألعاب الساحة والميدان بشعبية واسعة في العالم العربي أيضاً. تشترك البلدان العربية بمنتخباتها في بطولات العالم. توجد في البلدان العربية أنواع من الرياضة تكاد تكون غير معروفة في أوربا. لم يتمكن أحد من أن يسجل هدفاً في المباراة ألتي كنّا نتفرج عليها. يتراوح سعر جمل السباق بين خمسمائة ألف ومليون دولار. تغني الفرق الشعبية أغاني شعبية قديمة تعكس حياة البدو .

Lektion 18

L 5

أشكركم على الحفاوة التي لقيتها أثناء زيارتي الأولى. يبتديء بذلك عهد قصير من التعاون بين البلدين. تتمتع أنواع الرياضة المشهورة بشعبية (قليلة). تمكنت كلّ البلدان من أن تحرز ميداليات قليلة. تغنّي الفرق الشعبية أغاني شعبية جديدة. وقد تمضي أحياناً سنوات قليلة دون سقوط المطر على الإطلاق. تقع الصحارى في مناطق الضغط المنخفض. هي قليلة

الحرارة في الصيف وحارة في الشتاء. وقد تبلغ درجة الحرارة القصوى ٦٠ درجة مئوية في نهاية العام. انتهت المحادثات. غادر الوزير. خرج من البيت. رفض أحمد الدعوة. قام المدير في وسط مكتبه .

G 1

لم يشترك جميع الخبراء في هذا المؤتمر.
لم يشترك وفدنا في هذا الاجتماع.
لم أشترك / تشترك في هذه المحادثات.
لم يشترك مدير معهدي في هذه المحادثات.
لم أشترك / تشترك في هذا الاجتماع.
لم يشتركوا كلهم في هذا المعرض.
لم يشترك وزير الخارجية في هذا الاجتماع.
لم أشترك / تشترك في المباريات في لايبتزك.
لم يشترك أصدقائي في المباريات في برلين.
لم أتلق رسالة اليوم.
لم أتلق رسالة من أمي.
لم يتلق صديقي رسالة من أخيه.
لم تتلق الوزارة دعوة.
لم نتلق الدعوة.
لم يستأجر سيّارة.
لم تستأجر صباح سيّارة كابريوليه.
لم نستأجر سيّارة جيب.
لم أستطع أن أستأجر بيتاً جديداً.
لم أستطع أن أدبّر لكم الاستمارات اللازمة.

لم تستغرق المباراة ساعتين.

لم يستغرق المؤتمر يومين.

لم يجتمع الرئيس مع الوفود العربية.

لم يجتمعوا مع مدراء المعاهد.

لم تشتغل صباح في المطعم.

لم نشتغل في هذه المصانع.

G 2

هل تستطيع أن تدبّر لي الاستمارات؟

نعم، أستطيع أن أدبّر لك الاستمارات.

هل تستطيع أن تدبّر لنا الاستمارات اللازمة؟

نعم، أستطيع أن أدبّر لكم الاستمارات اللازمة.

هل يستطيع الموظّف أن يدبّر لك جواز السفر؟

نعم، يستطيع الموظّف أن يدبّر لي جواز السفر.

هل يستطيع صديقك أن يسافر إلى بيروت؟

نعم، يستطيع صديقي أن يسافر إلى بيروت.

هل يستطيع رئيس الوفد أن يجيب على الأسئلة؟

نعم، يستطيع رئيس الوفد أن يجيب على الأسئلة.

هل يستطيع الطلاّب أن يجتمعوا في معهدهم؟

نعم، يستطيع الطلاّب أن يجتمعوا في معهدهم.

هل تستطيع أن ترافق الوفد السوري؟

نعم، أستطيع أن أرافق الوفد السوري.

هل تستطيع الطالبة أن تزور أمها في المستشفى؟

نعم، تستطيع الطالبة أن تزور أمها في المستشفى.

هل تستطيع أن تأتي إليهم حالاً؟

نعم، أستطيع أن آتي إليهم حالاً.

هل يستطيع بيتر أن يكتب رسالة عربية؟

نعم، يستطيع بيتر أن يكتب رسالة عربية.

هل تستطيع أن تتلقّى جواز السفر؟

نعم، أستطيع أن أتلقّى جواز السفر.

هل يستطيع الوفد أن ينهي محادثاته؟

نعم، يستطيع الوفد أن ينهي محادثاته.

Komplexübung:

1.

لم يشترك وفدنا في هذا الاجتماع. لم أشترك / تشترك في هذه المحادثات. لم أتلق رسالة اليوم. لم أتلق رسالة من أمي. لم يتلق صديقي رسالة من أخيه. لم يشتركوا كلهم في هذا المعرض. لم نستأجر سيّارة جيب. لم أستطع أن أستأجر بيتاً جديداً. لم أستطع أن أدبّر لكم الاستمارات اللازمة. لم تتلق الوزارة دعوة. لم نتلق الدعوة. لم يستأجر سيّارة. لم تستأجر صباح سيّارة كابريوليه. لم تشتغل صباح في المطعم؟ لم نشتغل في هذه المصانع. لم تستغرق المباراة ساعتين. لم يستغرق المؤتمر يومين. لم يجتمع الرئيس مع الوفود العربية. لم يجتمعوا مع مدراء المعاهد. لم أشتر السيّارة.

2.

لم يشتر الكتاب. لم نتلق الدعوة. لم تصل رخصة السياقة بعد. استغرق الامتحان خمس ساعات. لا أستطيع أن أواصل مشاهدة معالم هذه المدينة مشياً. أريد أن أشتري سيّارة مكشوفة أي سيّارة كابريوليه. سيقتلني الطقس الحار. لم تنته الجلسة بعد. لن تعمل في المطعم.

3.

لم يبدأ المؤتمر. لن يدخل البيت. هذا ممكن. لم أجهل ذلك. لم أشتر الكتاب. بعد أن قمنا بدأ الاجتماع. نعرف أين الفكّ الأسفل. مشى إلى اليمين. حدّثته عن صحة المدير. نمت بعد الطعام .لم أعط القلم. جاء في المساء. لم يمش إلى فوق .

4.

الأستاذ ... العزيز

تحية طيبة وبعد ...

أشكركم شكراً جزيلا على رسالتكم المؤرخة في ١١ /١٢/ ١٩٩٥ وعلى المعلومات القيمة الكثيرة وعلى الدعوة لزيارة معهدكم. آمل أن يبدأ بهذه الزيارة تعاون مثمر بين معهدينا. لم أستطع إلى الآن أن أتصل بمدير المكتبة هاتفياً . سأحاول أن أتصل به عن طريق شبكة الحاسب الآلي. حصلت من مدير مركز الحاسب على فاكس بالمعلومات المرجوة.

وكما اتفقنا أرسل لكم طيه مقالة للنشر في مجلة معهدكم وبعض برامج الحاسب الآلي الجديدة.

أشكركم مرّة أخرى على ما قدّمتموه من مساعدات وأرجو التكرم بإجراء اللازم

مع فائق الاحترام والتقدير

Lektion 19

L 5

في العقد العاشر، في البيت الخامس، مع الراكب التاسع، بعد المنتوج العشرين، حول المورد السادس، مع البديل الثامن، بالمادة الثالثة، بعد الاقتراح السابع، في المنظمة التاسعة عشرة، في الشعبة الرابعة، حول الرخصة الحادية عشرة، بعد الرسم الثاني عشر، في الطابق السابع عشر، مع النائب السادس، بعد المرة العاشرة، عند الحلّاق السابع، في الشهادة الثانية، في القراءة السابعة

G 1

غيّر البرنامج.

عقد المؤتمر في الشهر الماضي.

أوضحت القضية الفلسطينية.

قيل له إنّه سافر إلى لندن.

تلغى الزيارة.

سلّمت له هدية جميلة.

يسمّى ابنه محمّداً.

عقد اجتماع.

شوهد الطلاّب أمام المعهد.

تقام الحفلة غداً.

أحضرت له هدية.

يوفد الطلاّب إلى الخارج.

ألغي الموعد.

أضيفت بعض الكلمات.

أجريت محادثات هامّة.

تسلّم الهدية غداً.

رجيت مريم أن تذهب معنا.

تجرى المحادثات في وزارة الخارجية.

دعي لزيارة برلين.

تغيّر البرامج كلّ يوم.

أرسل إليّ بطاقة من القاهرة.

أُستنتج من ذلك أنّ الوضع متغير.

G 2

أقيمت / تقام الحفلة مساء.

أُجريت / تجرى المحادثات في وزارة الخارجية.

زرعت / تزرع الفواكه في شمال البلد.

أعرف أنّ المؤتمر عقد / يعقد في لندن.

هل دعيت / تدعى صديقتك لحضور الحفلة؟

سمعت أنّ البترول صنّع / يصنّع هناك.

هل اُستنتج / يُستنتج من ذلك أنّ السوق تعتمد على العلاقة بين العرض والطلب؟

هل بيعت / تباع هذه البضائع في الخارج؟

G 3

يقدّم (II.St., Akt. o. Passiv)

يلقى (I.St. Akt. o. Pass. o. IV.St. Pass.)

انتهى (VIII.St. Akt.)

يدعى (I. o. IV.St. Pass.)

يقال (I.St. Pass.)

دعي (I.St. Pass.)

يلغى (I.St. Akt. o. Pass. o. IV.St. Pass.)

يعقد (I.St. Akt. o. Pass. o. IV.St. Akt. o. Pass.

يكتب (I.St. Akt. o. Pass. o. II.St. Akt. o. Pass. o. IV.St. Akt. o. Pass.)

ينام (I.St. Akt.)

شوهد (III.St. Pass.)

ألغى (IV.St. Akt.)

يزرع (I.St. Akt. o. Pass. o. IV.St. Akt. o. Pass.)

أوضح (IV.St. Akt. o. Pass.)

أعطى (IV.St. Akt.)

طوّر (II.St. Akt. o. Pass.)

اشترى (VIII.St. Akt. o. Pass.)

يستطيع (X.St. Akt.)

تغيّر (V.St. Akt.)

يلاحظ (III.St. Akt. o. Pass.)

انعقد(VII.St. Akt. o. Pass.)

G 4

تتمتّع أنواع الرياضة المختلفة بمساعدة الحكومة.
يتمتّع الرئيس بشعبية كبيرة.
يتحمّس الأنصار لفريقهم بعد أن سجّل فريقهم أهدافاً كثيرة.
يتمكّن هذا النادي من أن يفوز على كلّ النوادي الأخرى.
يتأخّر القطار ساعتين.
تتأخّر الطالبة خمس عشرة دقيقة .
تتأخر بداية المؤتمر عشر دقائق.
أشاهد / تشاهد / تشاهدين هذا الفلم.
يتعادل المنتخبان.
يتوقّع الطلاّب نتائج ممتازة في دراستهم.
يتوقّع الرئيس أنّ المعارضة لا تتمكّن من حل مشاكل البلد .
يتراوح عدد المتفرّجين بين ١٠٠ و ٥٠٠ متفرّج.
يتفرّج على المباراة.

G 5

لم تتمتّع أنواع الرياضة المختلفة بمساعدة الحكومة.
لم يتمتّع الرئيس بشعبية كبيرة.

لم يتحمّس الأنصار لفريقهم بعد أن سجّل فريقهم أهدافاً كثيرة.

لم يتمكّن هذا النادي من أن يفوز على كلّ النوادي الأخرى.

لم يتأخّر القطار ساعتين.

لم تتأخّر الطالبة خمس عشرة دقيقة .

لم تتأخر بداية المؤتمر عشر دقائق.

لم أشاهد / تشاهد / تشاهدي هذا الفلم.

لم يتعادل المنتخبان.

لم يتوقّع الطلاّب نتائج ممتازة في دراستهم.

لم يتوقّع الرئيس أنّ المعارضة لا تتمكّن من حل مشاكل البلد .

لم يتراوح عدد المتفرجين بين ١٠٠ و٥٠٠ متفرّج.

لم يتفرّج على المباراة.

G 6

لا تتمتّع أنواع الرياضة المختلفة بمساعدة الحكومة.

لا يتمتّع الرئيس بشعبية كبيرة.

لا يتحمّس الأنصار لفريقهم بعد أن سجّل فريقهم أهدافاً كثيرة.

لا يتمكّن هذا النادي من أن يفوز على كلّ النوادي الأخرى.

لا يتأخّر القطار ساعتين.

لا تتأخّر الطالبة خمس عشرة دقيقة .

لا تتأخر بداية المؤتمر عشر دقائق.

لا أشاهد / تشاهد / تشاهدين هذا الفلم.

لا يتعادل المنتخبان.

لا يتوقّع الطلاّب نتائج ممتازة في دراستهم.

لا يتوقّع الرئيس أنّ المعارضة لا تتمكّن من حل مشاكل البلد .

لا يتراوح عدد المتفرجين بين ١٠٠ و٥٠٠ متفرّج.

لا يتفرّج على المباراة.

G 7

البترول يصنّعه البلد بكميات كبيرة

حساسية شديدة لانحسار الطلب تجدها في اقتصادات هذه البلدان

سوق النفط نتكلّم عنها

الأوضاع الصعبة تغلبت البلدان العربية عليها

المنتوجات الصناعية باعتها الدول الصناعية بأسعار مرتفعة

العلاقة بين العرض والطلب ناقشوها في مؤتمر دولي

أسعار النفط قرّرت الدول المنتجة للنفط مراجعتها

مستوى الأسعار قامت منظّمة الأوبك بتصحيحه

عصر الطاقة الرخيصة أنهته المنظّمة

نظيره قابله في الوزارة

مستوى متدني جدّا شاهدوه هناك

Komplexübung:

1.

يسلّم الكتاب غداً. رجيت صباح أن تدرس معنا. تجرى المحادثات في وزارة الخارجية. دعي لزيارة باريس. تغيّر البرامج كلّ يوم. أرسل إليّ بطاقة من القاهرة. استنتج من ذلك أنّ الوضع متغير. تقام الحفلة غداً. سلّم له شنطة. يوفد الطلاّب إلى الخارج. ألغي الموعد. أضيفت بعض الكلمات .أجريت محادثات هامّة. أقيمت حفلة عشاء. غيّر البرنامج. عقد المؤتمر في الشهر الماضي. أوضحت السياسة الخارجية. قيل له إنّه سافر إلى لندن. تلغى الزيارة. سلّمت له كتب جميلة. يسمّى ابنه محمّداً. عقد اجتماع. شوهد الطلاّب أمام المعهد.

2.

سئل عن أهدافه. قيل له إن الوزير سافر إلى لندن. ألغيت البرامج. رحّب بالوفود أمام الفندق. عبر في المؤتمر عن آراء مختلفة. أعطي أحمد سيّارة. هذه كانت جلسة لا تنسى. هذا لا يقال. هذا لا يباع هنا. اختير بعد مناقشة طويلة.

3.

الفواكه التي تزرع في البلدان العربية هي...

الثروات الطبيعية التي توجد في البلدان العربية هي...

4.

المنظمة التاسعة عشرة، الشعبة الرابعة، الرخصة الحادية عشرة، الرسم الثاني عشر، الطابق السابع عشر، النائب السادس، المرة العاشرة، اللغويّ الأول، الحلّاق السابع، الشهادة الثانية، القرار السابع، العقد العاشر، العقد الخامس، الراكب التاسع، المنتوج العشرون، المورد السادس، البديل الثامن، المادة الثالثة، الاقتراح السابع

5.

البلدان العربية المنتجة للنفط، المتغيرات المختلفة في السوق العالمية، العلاقة بين العرض والطلب، النهضة الاقتصادية، دول صناعية، تكثيف الجهود، المنتوج الاجتماعي الإجمالي، الاستهلاك والانتاج، مستوى الأسعار المتدني جدا، أزمة النفط الثانية

Lektion 20

L 1

يبلغ عدد سكان البلدان العربية ... / يقدّر عدد سكان البلدان العربية ب...

تبلغ مساحتها ... / تقدّر مساحتها ب...

تبلغ المسافة بين لندن والقاهرة .../ تقدّر المسافة بين لندن والقاهرة ب...

تبلغ المسافة بين باريس ودمشق .../ تقدّر المسافة بين باريس ودمشق ب...

يبلغ عدد المسلمين في العالم .../ يقدّر عدد المسلمين في العالم ب...

L 4

تتألف الحكومة من وزارة الخارجية والداخلية والمالية والدفاع والثقافة والاقتصاد (الخارجي) والصناعة والزراعة والتجارة (الخارجية) ...

G 1

سمعت أمس أنّ الرحلة ألغيت.

أريد أنْ أزوره يوم الأحد.

لا أستطيع أنْ أجيب على هذا السؤال.

أعلنت وزارة الخارجية أنّ وزير الخارجية سيزور الجزائر.

أمل الرجل أنْ يصل إلى هدفه.

أعتقدُ أنّ صديقي يأتي اليوم.

يجب عليك أنْ تنجز واجباتك.

أكّد رئيس الوفد أنّ حكومته تؤيد هذه الاقتراحات

طلب محمّد أنْ يزور مكتبة الدولة.

طلبوا منّي أنْ أرحّب بضيوفنا الأجانب.

أقترحُ عليكم أنْ نتحدّث حول ذلك غداً.

علمتُ أمس أنّ صديقي مريض.

أعرف أنّك مجتهد.

لاحظت أنّها تتكلّم اللغة العربية.

لا يمكنني أنْ أفعل ذلك.

مَن اقترح أنّكم تبقون هنا.

رأيتُ أنّه ذهب إلى هناك.

هل يُسمح لنا أنْ ندخّن سيجارة؟

أرجوكم أنْ تنجزوا واجباتكم.

أُعلن في القاهرة أنّ المؤتمر انتهى في الساعة السابعة.

يريد أصدقائي أنْ يسافروا بالطائرة.

يجب علينا أنْ نذهب معه.

سأطلب منه أنْ يحضر إلينا.

أكّدت الحكومة أنها ستبحث هذه الاقتراحات.

أعلنت الحكومة أنّها ستبحث المشروع.

هل يُسمح لهم أنْ يفعلوا ذلك؟

يمكننا أنْ نسافر معكم.

يأمل كلّ واحد منّا أنْ يعودوا إلى هنا.

يعرف كلهم أنّه توجد مشاكل.

لم نستطع أنْ نغيّر البرنامج.

طلب أعضاء الوفد أنْ يسافروا إلى دمشق.

أخاف (أنْ لا) ألاّ يفوز على خصمه.

اقترح مرافقنا أنْ يسافر الجميع إلى تلك القرية.

هل سمعتم أنّ الطائرة لم تصل بعد؟

هل يُسمح لي أنْ أفعل ذلك؟

طلبنا من المدير أنْ يرحّب بضيوفنا الأجانب.

كان يعتقد أنّنا لا نعرف ذلك.

يجب عليكم أنْ تفعلوا ذلك.

نأمل أنْ نسافر إلى هناك.

علمت الجريدة أنّ الاجتماع سيعقد بعد غد.

أكّدت المضيفة أنّ الطائرة ستصل في الساعة التاسعة.

تريد الحكومة أنْ تعلن برنامجها بعد شهرين.

أمكنه أنْ ينجز واجباته وحده.

هل تطلب منّي أنْ أفعل ذلك؟

أعلن الرئيس أنّه تلقّى الدعوة.

لماذا تقترح أنْ يفعلوا ذلك.

يجب عليّ أنْ أنقله إلى هناك.

رجا رئيس الوفد أنْ يزور معرض دمشق.

يعرف جميعنا أنّ البرنامج سيُلغى.

هل تعتقد أنّنا لا نعرف ذلك؟

هل لاحظت أنّه كسلان؟

إسمح لي أنْ أقدّم إليك صديقي.

هل يمكنك أنْ تأتي إليّ مساء اليوم؟

أكّد الطبيب أنّ المرض (هو) انفلوينزا بسيطة.

هل تخاف من ألا يصل الأصدقاء؟

يجب عليك أنْ تفعل ذلك.

علمت صديقتي أنّ أخاها سافر إلى الخارج.

نعرف أنّكم كسالى.

متى سمعتَ أنّ السفر إلى هناك ممنوع؟

هل تستطيع أنْ تعطيني هذا الكتاب؟

كنّا نعتقد أنّ ذلك معروف.

اتّضح بعد ذلك أنّ الخبر لم يكن صحيحاً.

يريد الأصدقاء أنْ يجتمعوا يوم السبت.

G 2

لا، لم نشتغل في هذه المصانع لأنّ...

لا، لم يجتمعوا مع مدراء المعاهد لأنّ...

لا، لم يجتمع الرئيس مع الوفود العربية لأنّ...

لا، لم يستغرق المؤتمر يومين لأنّه...

لا، لم تستغرق المباراة ساعتين لأنّ...

لا، لم أستطع أن أدبّر لكم الاستمارات لأنّ...

لا، لم أستطع أن أستأجر بيتاً جديداً لأنّ...

لا، لم يستطع مدير المعهد أن يجيب على كلّ الأسئلة لأنّ...

لا، لم يستطع الوفد أن ينهي محادثاته لأنّ...

لا، لم يتمكّن البلد من أن يحقّق نهضة ثقافية لأنّ...

لا، لم يتمكّن الرئيس من أن يخرج من البلد بعد الحرب الأهلية لأنّ...

لا، لم يستأجروا سيّارة جيب لأنّ...

لا، لم تستأجر صباح سيّارة كابريوليه لأنّ...

لا، لم نتلقّ الدعوة لأنّ...

لا، لم أتلقّ رسالة من أمّي لأنّ...

لا، لم تتلقّ الوزارة الرسائل الرسمية لأنّ...

لا، لم أشترك/ تشترك في المباريات في كرة القدم لأنّ...

لا، لم يشترك وزير الخارجية في هذا الاجتماع لأنّ...

لا، لم يشترك الخبراء الألمان في المؤتمر الصحفي لأنّ...

Komplexübung:

1.

سمعت أمس أنّ الرحلة أُلغيت .

أريد أنْ أزوره يوم الأحد.

لا أستطيع أنْ أجيب على هذا السؤال.

أعلنت الوزارة أنّ وزير الخارجية سيزور الجزائر.

أمل الرجل أنْ يصل إلى هدفه.

أعتقدُ أنّ صديقي يأتي اليوم.

يجب عليك أنْ تنجز واجباتك.

أكّد رئيس الوفد أنّ حكومته تؤيّد هذه الاقتراحات.

طلب محمّد أنْ يزور مكتبة الدولة.

أقترحُ عليكم أنْ نتحدّث حول ذلك غداً.

علمتُ أمس أنّ صديقي مريض.

أعرف أنّك مجتهد.

لا يمكنني أنْ أفعل ذلك.

رأيتُ أنّه ذهب إلى هناك.

أرجو منكم أنْ تنجزوا واجباتكم.

يجب علينا أنْ نذهب معه.

سأطلب منه أنْ يحضر إلينا.

أكّدت الحكومة أنّها ستبحث هذه الاقتراحات.

هل يُسمح لهم أنْ يفعلوا ذلك؟

2.

أعرف أنّك ستذهب إلى هناك. أعتقد أنّه ليس عندك وقت. آمل أنْ يذهب إلى المعهد. يريد أنْ نتعلم كلّ الكلمات. لم يستطع أنْ يبيع الكتب. لم نرغب في أنْ يعمل الطلاّب كثيراً. يجب عليه أنْ يكتب رسالة. نسمح له أنْ يسافر إلى سويسرا.

3.

لا، لم نشتغل في هذه المصانع. لا، لم يجتمع الرئيس مع الوفود العربية؟ لا، لم تستغرق المباراة ساعتين. لا، لم يستأجروا سيّارة جيب. لا، لم نتلقّ الدعوة. لا، لم أتلقّ رسالة من أمّي. لا، لم تتلقّ الوزارة الرسائل الرسمية. لا، لم يشترك الخبراء الألمان في المؤتمر الصحفي. لا، لم أستطع أن أدبّر لكم الاستمارات لا، لم يستطع مدير المعهد أن يجيب على كلّ الأسئلة. لا، لم يتمكّن البلد من أن يحقّق نهضة ثقافية.

4.

انعقدت في القاهرة في يوم الثلاثاء الماضي ندوة علمية حول آفاق تطور الزراعة في البلدان العربية. اشتركت في الندوة وفود من كلّ البلدان العربية وممثلين عن منظمة الأغذية والاتحاد الأوربي. ناقش المشتركون سبل تطوير الزراعة وتنويعها ومشاكل التصحر ومكافحة أمراض النبات وتربية المواشي وإمكانيات زيادة المحاصيل الزراعية من القمح والحنطة السوداء والذرة الشامية.

هذا وأصدرت الندوة عدداً من التوصيات لحل المشاكل التي تواجهها الزراعة في هذه المناطق. وأقيم على هامش الندوة معرض زراعي عرضت فيه جرارات حديثة ومحاريث ومضخات وأنواع جديدة من البذور تتسم بإنتاجية عالية .

Lektion 21

L 1

المشاريع معروفة.

انطلقت الطائرات المصرية في الساعة الثالثة.

حضر المترجمون العرب الحفلة.

الموظّفون المسؤولون مرضى.

إنّ المدراء يجتمعون بنا غداً.

أعرف أنّ التجار الإنكليز سيجيؤن إلى ألمانيا.

المرافقون السوريون موجودونْ.

الركاب اليونانيون تركوا الطائرة.

الزوار مسرورون.

السائقون اللبنانيون شطار.

هل الطلبة كسالى؟

لا، الطلبة مجتهدون.

هؤلاء العمال / العاملون موجودون.

كان كلّ المتفرّجين يتوقّعون مباراة ممتازة.

إن الممرّضات يشتغلن في المستشفى.

المنتخبات البرازيلية قوية.

هذه المواضيع هامّة جدّا.

L 4

غيّر البرنامج.

عقد المؤتمر في السنة الماضية.

استنتج من ذلك أنّ الوضع متغير.

أرسلت إليّ بطاقة من القاهرة.

تغيّر البرامج كلّ يوم.

دعي الصديق لزيارة مدينتي.

تجرى المحادثات في وزارة الخارجية.

رجي أحمد أن يجتمع بنا.

تسلّم الهدية غداً.

أضيفت بعض الكلمات.

رجيت صباح أن تسافر إلى الخارج.

ألغي الموعد.

قيل له إن الطلاّب ينامون في دروسه .

يسمّى ابنه سالماً.

G 1

a) Aktivpartizip

I سائر، I قائم، I داعٍ، I طالب، I ساكن، II معلّم، V متفرّج، VIII معتدل،

VIII مشتغل، VIII مختلف، V متوسّط، I جالس، I عاطل، I جامع، I سائق، I قـائل،
Iراكب، III مسافر، VIII منتهٍ، I خادم، VIII محتاج، I ماشٍ، I واقع، I تابع،
I مرافق، I سائح، I خالق، I زائد، III مجاوز، I خارج، I داخل، I حادث

b) Passivpartizip

I معروف، VIII محتمل، I مشهور، I مقول، IV مقام، I مشروب، I مأكول،
VIII مشترك، II مقدّم، I مشروع، I موجود، I مقبول، I مدفوع، I مرغوب،
I مسؤول، VIII مجتمع، VIII متّصل

G 2

الجزر التي تقع في البحر الأبيض المتوسّط
الطالبة التي تنام في الدرس
الناس الذين يخافون من السفر بالطائرة
القطارات التي تقف في المحطّة
في المطار وفود تعود إلى بلادها
الأشياء التي وُضعت / تُوضع في الخزانة
البضائع التي عُرضت / تعرض في المخازن
المؤتمر الذي انعقد / ينعقد في بيروت
الهدايا التي سلّمت لعلي
الجزر التي تسمّى "الجزر الألف"
اجتمعت بالطلاّب الذين اوفدوا إلى الخارج
السياسيون الذين دُعُوا / يُدعَون لزيارة بلدنا
البطاقة التي أرسلت / ترسل إليّ
الرسائل التي كتبت / تكتب أمس
الحفلة التي تنتهي / انتهت في الساعة الرابعة
الحفلة التي تبتدئ / ابتدأت في الساعة الثانية

الاستمارات التي طلبت / تطلب منّا

الطائرة التي تأخرت / تتأخر ساعة واحدة

الوفود التي اجتمعت / تجتمع في القاعة البيضاء

الكلمات التي سجّلت في المؤتمر

مع العارضين الذين اشتركوا / يشتركون في المعرض

اقتصاد البلد الذي تطور / يتطوّر بسرعة

التجّار الذين عبّروا / يعبّرون عن آرائهم

المعرض الذي أُغلقت / تُغلق أبوابه

الوضع الذي تغيّر / يتغّير من ساعة إلى ساعة

البضائع التي بيعت / تباع إلى الخارج

G 3

الوزير المقيم حفلة العشاء

هي طائرة واصلة في الساعة الواحدة

الفتاة الماشية في الشارع

الرجال المتفرّجون على مباراة كرة القدم

الآثار الموجودة في سوريا في كلّ مكان

الانسان الخالق لحياته الجديدة

الجمهورية العربية السورية الواقعة في القارّة الآسيوية

سوريا الزائد عدد سكانها عن ٦ ملايين نسمة

سوريا الحاصلة على استقلالها بعد الحرب العالمية الثانية

هي سيّارة عائدة لوزارة المواصلات

الفريق الفائز على خصمه

معلّمي المحتاج إلى سيّارة جديدة

الكلمات الملقاة في المؤتمر

البضائع المباعة في ذلك المخزن

الحفلة المقامة أمس

الكتب الموجودة في المكتبة

G 4

a)

الدخول ممنوع.

البرنامج ممنوع.

المساومة ممنوعة.

المباراة ممنوعة.

زيارة المريض ممنوعة.

هذه الجرائد ممنوعة.

b)

تسجيل الكلمة مسموح.

اجتماع الطلاّب مسموح.

إقامة الحفلة مسموحة.

زيارة تلك الآثار مسموحة.

c)

المخازن مفتوحة حتى الساعة السابعة

المصرف مفتوح حتى الساعة الخامسة

المكتبة مفتوحة كلّ يوم

مطاعم المدينة مفتوحة الآن

أبواب المباني مفتوحة ابتداء من الساعة الثامنة

d)

هذه المشاكل معروفة عند الجميع

التفاصيل معروفة منذ وقت طويل

واجباتهم معروفة

قضايا العرب الوطنية معروفة في العالم

هذه المواعيد معروفة

مشاريع الحكومة معروفة

e)

جامعتنا مشهورة منذ ٥٠٠ عام

مباني المدينة مشهورة بجمالها

مسرح العاصمة مشهور بجماله

مكتبة الدولة مشهورة في العالم كله

f)

الفواكه موجودة في المخازن

المأكولات موجودة عندنا

المشروبات موجودة عندكم

النقود اللازمة موجودة.

الموظّفون المسؤولون موجودون.

الاستمارات اللازمة موجودة.

Komplexübung:

1.

a)

مشتغل، مختلف، متوسّط، جالس، عاطل، جامع، سائق، قائل، راكب، مسافر، منتهٍ، خادم، محتاج، ماشٍ، واقع، تابع، مرافق، سائح، خالق، زائد، مجاوز، خارج، داخل، حادث، سائر، قائم، داعٍ، طالب، ساكن، معلّم، متفرّج، معتدل

b)

مشترك، مقدّم، مشروع، موجود، مقبول، مدفوع، مرغوب، مسؤول، معروف، محتمل، مشهور، مقول، مقام، مشروب، مأكول

2.

الجزر التي تقع في البحر الأبيض المتوسّط / الطالبة التي تنام في الدرس / الناس الذين يخافون من السفر بالطائرة / القطارات التي تقف في المحطّة / في المطار وفود تعود إلى بلادها / الأشياء التي توضع (وُضعت) في الخزانة / البضائع التي تعرض في المخازن / المؤتمر الذي ينعقد (انعقد) في بيروت / الهدايا التي تسلّم لعلي / الجزر التي تسمى "الجزر الألف" / اجتمعت بالطلاّب الذين يوفدون (أوفدوا) إلى الخارج / السياسيون الذين يُدعَون (دُعُوا) لزيارة بلدنا / البطاقة التي ترسل(أُرسلت) إليّ / الرسائل التي كُتبت أمس / الحفلة التي تنتهي في الساعة الرابعة / الحفلة التي تبتدئ في الساعة الثانية / الاستمارات التي تطلب (طُلبت) منّا / الطائرة التي تأخرت ساعة واحدة / الوفود التي تجتمع (اجتمعت) في القاعة البيضاء / الكلمات التي سُجّلت في المؤتمر / مع العارضين الذين يشتركون في المعرض / اقتصاد البلد الذي يتطوّر بسرعة / التجّار الذين يعبّرون عن آرائهم / المعرض الذي أُغلقت أبوابه / الوضع الذي يتغيّر (تغيّر) من ساعة إلى ساعة

3.

الوزير المقيم حفلة العشاء / الفتاة الماشية في الشارع / الرجال المتفرّجون على مباراة كرة القدم / الآثار الموجودة في سوريا في كلّ مكان / الانسان الخالق لحياته الجديدة / الجمهورية العربية السورية الواقعة في القارّة الآسيوية / سوريا الزائد عدد سكانها عن ٦ ملايين نسمة / سوريا الحاصلة على استقلالها بعد الحرب العالمية الثانية / هي سيّارة عائدة لوزارة المواصلات / الفريق الفائز على خصمه / معلّمي المحتاج إلى سيّارة جديدة / الكلمات الملقاة في المؤتمر / البضائع المبيعة في ذلك المخزن / الحفلة المقامة أمس

4.

نجد في العالم العربي جمهوريات وممالك وسلطانات وإمارات ومشايخ. حصلت معظم البلدان العربية على استقلالها الوطني بعد الحربين الأولى والثانية. تمكنت بعض الدول العربية من تحقيق نهضة اقتصادية وتقنية كبيرة بفضل ثرواتها البترولية. ما زالت الفوارق كبيرة بين البلدان في تحقيق الديمقراطية. تصرف حكومات بعض هذه البلدان ٥٠ ٪ من ميزانية

الدولة (من ميزانيتها) على شراء الأسلحة. سيزداد الصراع حدةً بين القوى الديمقراطية والتقليدية .

Lektion 22

L 1

قاد السائق سيّارته بشكل ممتاز.

استقبلتني العائلة بلطف.

درس الخبراء المشروع بدقة.

أنجز الطلاّب عملهم بسرعة.

هل تتعلّمون اللغة العربية بصورة جيدة؟

كان المترجم يتكلّم اللغة العربية ببطء.

رحّب الوزير بضيوفه الأجانب بسرور.

شرح المرافقون هذا الموضوع بصورة رائعة.

قبلنا الدعوة بسرور.

تريد الحكومة أن تطوّر اقتصاد البلد بسرعة.

نمشي إلى السوق بسرعة.

نطوّر التعليم بسرعة.

L 2

جلوس (Sitzen)، دخول (Eintreten)، خروج (Herausgehen)، اجتماع (Versammlung)، محاضرة (Vorlesung)، انتظار (Warten)، سؤال (Frage)، دراسة (Studium)، تأهيل (Qualifizierung)، تبادل (Austausch)، رئاسة (Leitung)، تعليم (Bildung)، تعاون (Zusammenarbeit)، اقتصاد (Wirtschaft)، مناقشة (Diskussion)، مناسبة (Anlaß) ، توسيع (Erweiterung)، توقيع (Unterschrift)، برد (Kälte) ، تخصّص (Spezialisierung)، مراجعة (Überprüfung)

ستشراق (Orientalistik)، اعتذار (Entschuldigung)، تسجيل (Aufzeichnung)، اعتماد (das Sich-Stützen auf)، تقدير (Schätzung) ، إيجاد (Schaffung)، تأسيس (Gründung)، حضور (Anwesenheit)، تحسين (Verbesserung)، تصريح (Verlautbarung)، تشكيل (Bildung)، إشراك (Einbeziehung) ، مساهمة (Mitwirkung)، تشاور (Beratung)، تطوّر (Entwicklung)، تطوير (Entwicklung)، عودة (Rückkehr)، إعادة (Wiederholung)، ممارسة (Praktizierung)، توتّر (Spannung)، تخفيض (Absenkung)، افتتاح (Eröffnung)، استقبال (Empfang)، اقتراح (Vorschlag)، تحسّن (Verbesserung)، إجراء (Durchführung)، ارتياح (Genugtuung)، إغلاق (Schließung) ، استثناء (Ausnahme)، تجمّد (zu Eis werden)، ارتفاع (Höhe)، مواصلة (Fortsetzung)، تجديد (Erneuerung)، حصول (Erlangung)، اختيار (Auswahl)، تصديق (Beglaubigung)، إعداد (Vorbereitung)، مباراة (Wettkampf)، مسابقة (Wettkampf)، سباق (Wettkampf)، مصارعة (Ringen) ، ملاكمة (Boxen)، تناول (Einnnehmen)، استئجار (Mieten)، إشراف (Aufsicht, Kontrolle)، انضمام (Beitritt)، امتحان (Prüfung)، توفيق (Erfolg)

L 4

المشروبات التي أعرفها هي ...

المأكولات التي أعرفها هي ...

المهن التي أعرفها هي ...

البضائع التي تباع في الأسواق العربية الشعبية هي ...

الدروس التي أنام فيها هي ...

الرجل الذي أكرهه هو ...

الساعات التي أحبّها هي ...

G 1

a) فعْل :

وضع، وعد، قوم، خوف، بيع، فحص، عرض، قول، سير، شرح، كسب، أكل، مشي، صرف، أخذ، خلق.

b) فُعول :

وقوف، وصول، رجوع، صعود، خروج، دخول، وجود، حصول، حضور.

c) فِعالة :

دراسة، زيارة، زيادة، زراعة، صناعة.

G 2

أوفد (IV) إيفاد، استقبل (X) استقبال، شاهد (III) مشاهدة، قدّم (II) تقديم، سجّل (II) تسجيل، اقترح (VIII) اقتراح، أغلق (IV) إغلاق، دخّن (II) تدخين، اجتمع(VIII) اجتماع، لاحظ (III) ملاحظة، انحدر (VII)انحدار، تابع (III) متابعة، أقام (IV) إقامة، شجّع (II) تشجيع، أعجب (IV) إعجاب، وسّع (II) توسيع، استورد (X) استيراد، أدخل (IV) إدخال، خابر (III) مخابرة

G 4

يريد أحمد إنجاز واجباته فوراً.

يريد الوفد زيارة الجامعة.

تريد الحكومة تطوير اقتصاد البلد.

أرادوا دراسة هذه القضية.

يريد الخبراء دراسة المشروع.

يجب علينا تأييد هذه السياسة.

يجب عليك الترحيب بالضيوف.

يجب عليكم إلغاء سفركم.

يجب علينا مقابلته.

يجب عليها تغيير البرنامج.

لم يستطع الطالب الإجابة على هذا السؤال.

استطاع المعلّم تبيين المشكلة.

هل استطعتم إنجاز هذا العمل؟

هل تستطيع تسليم الهدية شخصياً؟

استطاع المرافق شرح تاريخ المدينة.

أحاول مقابلتهم غداً.

نحاول إنهاء عملنا حتى نهاية الأسبوع.

سأحاول توضيح القضية.

هل تحاول تغيير الموعد؟

حاولت العودة بالقطار.

هل تمكّنت الطالبة من ترجمة الكلمات الجديدة؟

تمكّن الطالب من القيام بواجباته.

تمكّنوا من تسجيل خمسة أهداف.

هل يمكنك مخابرته مساء اليوم؟

هل يمكنكم التحدّث معه حول ذلك؟

G 5

نغادر المدينة قبل انتهاء المؤتمر.

ستزورني صديقتي قبل عودتها إلى لندن.

تُفحص السيّارة قبل بيعها.

يتبادل المسؤولون الآراء قبل الاجتماع.

يجتمع أحمد بصديقه قبل إيفاده إلى الخارج للدراسة في ألمانيا.

ذهبتُ إلى القاعة بعد فحص جوازات السفر.

ابتدأت المباراة بعد تبادل التحيات.

رجع إلى البيت بعد إنهاء عمله.

مشى إلى المقهى بعد مشاهدة الفلم.

بقيت في الملعب حتى انتهاء المباراة.

بقيت في المطار حتى حصولي على الحقائب.

لم يتركوا المحطّة حتى وصول القطار.

فحص الموظّف الأوراق حتى وجود الورقة المرغوب فيها.

قرأت الكتب حتى إغلاق المكتبة.

أتى الأصدقاء لحضور الحفلة.

جاء آلاف التجّار للاشتراك في المعرض.

سافرت إلى باريس للاجتماع بأصدقائي.

ذهبت إلى المصرف لصرف العملة.

خرجت من الغرفة لتدخين سيجارة.

سافر الطلاّب إلى القاهرة لدراسة اللغة العربية.

جاء التلاميذ إلينا لتعلّم اللغة الإنكليزية.

قام الوفد بجولة لمشاهدة الجامعة والمتحف الوطني.

Komplexübung:

1.

اِجتماع، محاضرة، دراسة، تأهيل، تبادل، تعليم، تعاون، اِقتصاد، مناقشة، توسيع، توقيع، تخصّص، مراجعة، اِستشراق، اِعتذار، تسجيل، تأسيس، حضور، تشاور، تطوير / تطوّر، عودة، توتر، اِفتتاح، اِستقبال، اِقتراح، تحسين/ تحسّن، اِرتياح، إغلاق، اِستثناء، زيادة، مواصلة، تجديد، تصديق، إعداد، مسابقة / سباق، مصارعة، ملاكمة، اِمتحان، نجاح

2.

يريد أحمد إنجاز واجباته فوراً. تريد الحكومة تطوير اقتصاد البلد. أرادوا دراسة هذه القضية. يريد الخبراء دراسة المشروع. يجب علينا تأييد هذه السياسة. يجب عليك الترحيب بالضيوف. يجب علينا مقابلته. يجب عليها تغيير البرنامج. استطاع الرئيس تبيين المشكلة. هل تستطيع تسليم الهدية شخصياً؟ استطاع المرافق شرح تاريخ المدينة. نحاول إنهاء عملنا حتى نهاية الأسبوع. سأحاول توضيح القضية. حاولت العودة بالطائرة. هل تمكّنت الطالبة من ترجمة الكلمات الجديدة؟ تمكّن الطالب من القيام بواجباته. هل يمكنكم التحدّث معه حول ذلك؟

3.

تُفحص السيّارة قبل بيعها. يتبادل المسؤولون الآراء قبل الاجتمع. ذهبتُ إلى القاعة بعد فحص جوازات السفر. ابتدأت المباراة بعد تبادل التحيّات. رجع إلى البيت بعد إنهاء عمله. بقيت في الملعب حتى انتهاء المباراة. لم يتركوا المحطّة حتى وصول القطار. قرأت الكتب حتى إغلاق المكتبة. أتى الأصدقاء لحضور الحفلة.

4.

يجب حل المشاكل الملحة التي يواجهها نظام التعليم في السنوات القادمة. يستغرق إصلاح تركيب ومضامين مناهج المدارس الابتدائية والثانوية تقريباً عشر سنوات. يجب علينا أنْ نضع حجر الأساس لمستقبل يمكّننا من تحقيق نهضة علمية وثقافية على أساس اختراعات وابتكارات العلوم الحديثة .

Lektion 23

L 1

صديق – عدو، بدأ – أنهى، وصول – مغادرة، تصدير – استيراد، عرف – جهل / لم يعرف، جاء – ذهب، دخل – خرج، قبل – بعد، استورد – صدّر، باع – اشترى، سريع – بطيء، استقبل – ودّع، متزوج – غير متزوج / أعذب، ازداد –انخفض، ليل – نهار، هبوط – صعود، ممطر – مشمس، فوق – تحت، ممكن – مستحيل

L 2

هو أمام الباب. الطالب عند المدير. الطائرة فوق البحر. وصل إلى القاهرة. بعد أن تلفنت لمحمّد ذهبت إلى البيت. زرت المدير قبل / بعد زيارة المعمل. أخذ معه هدايا لأصدقاء. شرح لهم الوضع في المرحلة الأولى. يصدّر المعمل الإنتاج إلى ألمانيا. يستورد البلد البترول من السعودية. قاموا بجولة في البلاد. أوصى بتقديم المشروع. استقبلهم قبل/ بعد ساعتين. اشترى من المخزن كتباً جديدة إضافة إلى شنطة وأقلام. أما بالنسبة إلى المؤتمر/ للمؤتمر فهو ينعقد في هذا الفندق .

L 3

أكتب لك هذه الرسالة من برلين (وأنا في برلين). متى تأتي إلى القاهرة؟ أشتغل هنا لمدة شهرين. تمول الحكومة هذا المشروع. نجمع تفاصيل حول تطور التجارة والاقتصاد والتصدير والاستيراد والسياحة والثقافة وحول قطاع النفط. يستخلصون الاستنتاجات من مرحلة المشروع الأولى. هذه المؤشرات الاقتصادية جديدة. كنت في تدمر وحلب وحمص وحماه واللاذقية وعلى شاطئ البحر الأبيض المتوسط. لا يمكن تعجيل العمل في المشروع .

L 4

Königreich Saudi-Arabien
Ministerium für Hochschulwesen
Islamische Universität "Imam Muhammad Bin Saud”
Nummer:
Datum:
Anlagen:

Betrifft: Vorbereitung eines Schreibens an die Universität Leipzig

Sehr geehrter Herr amtierender Direktor des Institutes für Arabische Sprache,
Friede sei mit Ihnen und die Gnade und der Segen Gottes
Mit Bezug auf Ihr Schreiben Nr. 255/1/B vom 16.7.1413 d.H. zur Stellungnahme des Institutes zum Programm zur Vermittlung der arabischen Sprache in einer der deutschen Universitäten und der Möglichkeit der Zusammenarbeit mit dieser Universität und zu Ihrem Vorschlag zur Übermittlung eines Schreibens an die Universität Leipzig teile ich Ihnen mit, daß der Vorschlag wohlbegründet ist. Das Institut sollte das Schreiben

vorbereiten, darin das Erforderliche erläutern und die Universität darüber informieren.
wörtl.: Zur Einleitung des Erforderlichen durch Sie erfolgte Ihre Inkenntnissetzung darüber.
Übersetzungsvorschlag: Ich bitte Sie, die erforderlichen Schritte einzuleiten.
Mit freundlichen Grüßen

Sekretär der Universität
für Ausbildungsfragen

G 1 / G 2

عندما / حينما وصلت الطائرة كان الطقس ممطراً.

عندما / حينما اجتمع الطلاّب جاء محمّد.

عندما / حينما وصلنا إلى المطار انطلقت الطائرة.

عندما / حينما كنت في المطار وصلت الطائرة من القاهرة.

عندما / حينما غادرنا البيت جاء صديقنا.

عندما / حينما يعود الوفد من الجولة تبدأ المحادثات من جديد.

عندما / حينما أتلقّى النقود سأسافر إلى تونس.

عندما / حينما يساعدونك تنجز واجباتك حتى نهاية الأسبوع .

عندما / حينما وصل الضيوف إلى المطار رحّب بهم الوزير.

عندما / حينما أردنا إنهاء الاجتماع دخل أصدقاؤنا العرب.

عندما / حينما تفعل ذلك أفعل ذلك أيضاً.

عندما / حينما نتلقّى الدعوة نسافر فوراً.

عندما / حينما تساعدوننا نساعدكم.

عندما / حينما قاموا بجولة في المرفأ شرح لهم المدير أهمية المرفأ.

عندما / حينما لا تسافرون معنا نغيّر البرنامج.

عندما / حينما تطلب منّا ذلك ندرس المشروع.

عندما / حينما سمع أنّ الجميع سيجيئون قبل الدعوة.

عندما / حينما لاحظت أنّ حالته ليست حسنة نقلته إلى المستشفى .

عندما / حينما تأخرت السيّارة تأخر الوزير.

عندما / حينما كنت أرافق الوفد التجاري قابلت عدداً من السياسيين.

عندما / حينما عاد أحمد إلى بغداد أخذ معه هدايا كثيرة.

عندما / حينما سمعت هذا الخبر تركتهم فوراً.

عندما / حينما درسوا المشروع لاحظوا عدة أغلاط.

عندما / حينما أنهى الوفد محادثاته أقام الوزير حفلة عشاء.

عندما / حينما سمعوا هذه الاقتراحات اجتمعوا فوراً.

G 3

وصلت الطائرة عندما/حينما كان الطقس ممطراً.

اجتمع الطلّاب عندما / حينما جاء محمّد.

وصلنا إلى المطار عندما / حينما انطلقت الطائرة.

كنت في المطار عندما / حينما وصلت الطائرة من القاهرة.

غادرنا البيت عندما / حينما جاء صديقنا.

يعود الوفد من الجولة عندما / حينما تبدأ المحادثات من جديد.

أتلقّى النقود عندما / حينما سأسافر إلى تونس.

يساعدونك عندما / حينما تنجز واجباتك حتى نهاية الأسبوع .

أردنا إنهاء الاجتماع عندما / حينما دخل أصدقاؤنا العرب.

تفعل ذلك عندما / حينما أفعل ذلك أيضاً.

تساعدوننا عندما / حينما نساعدكم.

قاموا بجولة في المرفأ عندما / حينما شرح لهم المدير أهميته.

لا تسافرون معنا عندما / حينما نغيّر البرنامج.

سمع أنّ الجميع سيجيئون عندما / حينما قبل الدعوة.

لاحظت أنّ حالته ليست حسنة عندما / حينما نقلته إلى المستشفى .

تأخرت السيّارة عندما / حينما تأخر الوزير.

أنهى الوفد محادثاته عندما / حينما أقام الوزير حفلة عشاء.

G 4

بعد مغادرة البلد

بعد زيارة المتحف

بعد الذهاب إلى المرفأ

بعد الوصول إلى هناك

قبل شرح المعالم

قبل كتابة الرسالة

قبل تقديم الهدية

قبل إنجاز مهماته

قبل إغلاق المدارس

قبل الحصول على النقود

قبل مناقشة المشروع

منذ انتهاء المؤتمر

منذ إلغاء الزيارة

منذ تغيّر البرنامج

حتى وصول القطار

حتى عودة الوفد

حتى استقبال الضيوف

G 5

بعد زيارة الأصدقاء رجعنا إلى البيت.

قرأت العنوان قبل دخول الغرفة.

بعد أن أنجزت العمل شربت كأساً من البيرة

بعد زيارة حمص وحماه وحلب وصلوا إلى اللاذقية.

لا أزال أشتغل مترجماً منذ التخرّج من الجامعة.

لم أترك البيت حتى الانتهاء من العمل .

يريد الوفد مشاهدة بعض المعالم قبل أن يغادر البلد.

منذ بداية الدراسة قرأت كتباً كثيرة.

قبل أن أذهب إليه سأشتري بعض الهدايا.

قبل أن تُغلق الأبواب سأبيع ما عندي من كتب.

بعد مناقشة المشروع شربوا البيرة.

منذ أن أجريَ الإصلاح تمكّنوا من أن يحققوا أهدافاً كثيرة.

لم ينم حتى أنجز العمل.

فكّروا في الاستيراد قبل تصدير اللحوم.

أطلعهم على برنامجه قبل أن اقترح الوزراء الجدد .

Komplexübung:
1.

حينما/عندما كتبت هذه الرسالة دخلت أمي. قبل أن أشتغل في سوريا لمدة شهرين سأدرس في المملكة العربية السعودية لمدة ثلاثة أشهر. لا يزال يعمل مهندساً منذ التخرّج من الجامعة التكنيكية. قبل أن ذهبت إلى الطبيب حاولت أن تتصل بصديقها. ما دمنا هنا نستطيع أن ننجز كلّ الواجبات. حجزت غرفة بينما/عندما ناقش بيتر مع الجرسون حول السعر. كلما ذهبنا إلى المعهد كان المدير في المطعم. ذهبوا إلى المدينة حيث قابلوا بائع السيّارات. موّلوا المشروع لمساعدة الحكومة. لم يأت لأنّه لم يكن عنده سيّارة. ذهبوا كلهم بالسيّارة إلى مركز المدينة رغم أنّ الطقس كان حاراً جدًّا. اشتغل ليل نهار لكنه لم ينجز العمل. اشترت أشياء كثيرة غير أنّها / لكنها لم تعرف متى تستطيع أن تدفع سعرها. سوف أبيع كلّ شيء حينما/عندما أرجع إلى فرنسا .

2.

قبل الحصول على النقود / قبل مناقشة المشروع / منذ انتهاء المؤتمر / منذ إلغاء الزيارة / منذ تغيّر البرنامج / حتى وصول القطار / حتى عودة الوفد / بعد مغادرة البلد / بعد زيارة المتحف / بعد الذهاب إلى المرفأ / بعد الوصول إلى هناك / قبل شرح المعالم / قبل كتابة الرسالة / قبل تقديم الهدية / قبل إنجاز مهماته / قبل إغلاق المدارس

3.

برلين في ١٩٩٤/١٢/١٢

عزيزي أحمد

تحية طيبة وبعد

إنني أرجو الاعتذار لأنّني لم أكتب لك منذ وقت طويل ولكن الامتحانات بدأت وكان يجب عليّ أن أعمل كثيراً. وقد بدأت بكتابة أطروحتي للحصول على شاهدة الماجستير أيضاً .إنني أكتب عن التطور الاقتصادي في سوريا وعلاقته بالتطور الاجتماعي. وقد جمعت إلى الآن مراجع كثيرة فيها تفاصيل حول التصدير والاستيراد وقطاع النفط والتجارة الداخلية والخارجية والسياحة والثقافة والتعليم. وقبل أن أقدّم أطروحة الماجستير يجب عليّ أن أسافر إلى سوريا لمدة شهرين لجمع مراجع أخرى. سأعمل في جامعة دمشق وفي حمص وحماه وحلب وإن شاء الله سأسافر أيضاً إلى اللاذقية للسباحة في البحر الأبيض المتوسط لعدة أيّام. ولكنه لا يمكن أن أقول هذا لأستاذي .

آمل أن أراك قريباً. سلّم لي على محمّد! أتمنى لك النجاح والتوفيق في الدراسة والامتحانات.

صديقك المخلص

بيتر

Lektion 24

L 1

رأي مستقر.

هل أراؤهم مستقرة؟

ماذا قُرّر / قرّروا؟

هل تحبّها؟

نحبّكم.

أحبّكم كلكم في الحقيقة!

لماذا لا تحبّني؟

لماذا لا تحبّونني؟

أحبّ ذلك البلد.

هل يسرّك هذا؟

هذا يسرنا جدًّا.

إلى أين تمتدّ هذه المنطقة؟

هل دللته على هذا المحل؟

يُعدّ الطلاّب طلاّباً مجتهدين.

يُعدّ هذا البلد غنياً بالنفط .

أحبّكم كلكم .

L 2

يحُدّ / تحُدّ ... شمالاً / جنوباً / شرقاً / غرباً...

L 3

يُعَدّ / تُعَدّ ... بلداً زراعياً / صناعياً.

L 5

تحبّ أن تقول إنها تسافر.

نحبّ أن نقول إنّنا نكتب.

يحبّون أن يقولوا إنّهم يدفعون.

أحببتُ أن أقول إنّني أشرب القهوة.

أحببتَ أن تقول إنّك تقرأ الجرائد.

أحبّوا أن يقولوا إنّهم يلبسون ملابس جميلة.

أحببتُ أن أقول إنّني أتكلم عن هذا الموضوع.

أحببتُ أن أقول إنّني أحبّكم كلّكم.

G 1

اُكتب	اُكتبي	اكتبوا
مُرَّ / اُمْرُرْ	مُرّي	مُرّوا
اِقرأ	اِقرَئي	اِقرؤوا
أعط	أعطي	أعطوا
ضَع	ضَعي	ضَعوا
اُخرج	اُخرجي	اُخرجوا
اُدخل	اُدخلي	اُدخلوا
دُلّ	دُلّي	دُلّوا
قرِّر	قرِّري	قرِّروا
خف	خافي	خافوا
حرِّر	حرِّري	حرِّروا
اِذهب	اِذهبي	اِذهبوا
كُل	كُلي	كُلوا
خُذ	خُذي	خُذوا
أُومُل	أُومُلي	أُومُلوا

G 2

تمتدّ هذه المنطقة من الجبال إلى البحر.

هل يُشدّ العراق إلى العالم الإسلامي؟

من يدلّك على هذا المحل؟

هل يستقرّ رأيك؟

ماذا يقرّر الطلاّب في اجتماعهم يوم الخميس؟

إنّها تحبّني كثيراً.

يسرّنا ذلك.

تسرّني معرفتُك.

G 3

في القطر الممتدّ إلى البحر الأبيض المتوسط

الدوائر الاقتصادية المسرورة لهذا التطور

البلدان المحبة للسلام

السياسيون المستقرّ رأيهم

المرفأ المقرّر بناؤه

المشاكل الدالّة على الوضع السياسي في ذلك البلد

G 4

أصدقائي، أصدقاؤك، مع أصدقائنا، اِبتداءً من أول أغسطس، أسئلة الوزراء المسؤولين، هذه الأشياء غير معروفة، اِقترح شيئاً آخر، من المألوف مشاهدة آثار البلد

Komplexübung:

1.

يعدّ هذا البلد غنياً بالثروات الطبيعية. هل دللته على هذا البيت؟ إلى أين تمتدّ هذه المنطقة؟ يسرّنا جدًّا أن نقابلكم غداً. رأيه مستقرّ. قرّر الوزراء أن يكتموا القضية. هل تحبّها؟ لماذا لا يحبّون دروس اللغة؟ يحد العراق سوريا وإيران والكويت والمملكة العربية السعودية والأردن وتركيا.

2.

دُلّ	دُلّي	دُلّوا
قرّر	قرّري	قرّروا
خف	خافي	خافوا
حرِّر	حرِّري	حرِّروا
اِذهب	اِذهبي	اِذهبوا
اُكتب	اُكتبي	اُكتبوا
مُرَّ / اُمرُر	مُرّي	مُرّوا
اِقرأ	اِقرئي	اِقرؤوا
أعط	أعطي	أعطوا
ضَع	ضَعي	ضَعوا
اُخرج	اُخرجي	اُخرجوا
اُدخل	اُدخلي	اُدخلوا

3.

ماذا يقرّر الطلاّب في اجتماعهم يوم الخميس؟ إنّها تحبّني كثيراً. يسرّنا ذلك. تسرّني معرفتُك. تمتدّ هذه المنطقة من الجبال إلى البحر. هل يشدّ العراق إلى العالم الإسلامي؟ من يدلّك على هذا المحل؟ هل يستقرّ رأيك؟

4.

السياسيون المستقرّ رأيهم / المرفأ المقرّر بناؤه / المشاكل الدالّة على الوضع السياسي في ذلك البلد / في القطر الممتدّ إلى البحر الأبيض المتوسّط / الدوائر الاقتصادية المسرورة لهذا التطور / البلدان المُحِبّة للسلام

5.

رأيت أصدقاءك. اتّفق مع أصدقائي. سافر أصدقاؤك إلى باريس. نذهب مع أصدقائنا إلى المسرح. ابتداءً من أول سبتمبر سوف أذهب إلى العمل كلّ يوم. قدّمت الأسئلة التي أجاب

عليها الوزير المسؤول من قبل. هذه الأشياء غير معروفة. اقترح شيئا آخر. من المألوف في هذه الرحلات مشاهدة آثار البلد .

6.

لم يكن طالباً في كلّية الطبّ. ليس محاضراً. ليس لون الحقائب أسود. ليس الفارق بسيطاً. ليس كلّ شيء موجوداً. لست نحوياً. ليس الطقس ممطراً. لست على حقّ.

7.

أين الحقائب؟ أحتاج إلى ملابس صيفية من قمة الرأس إلى أخمص القدمين. أرسلت شركة الطيران الحقائب إلى مكان مجهول حتى الآن. عانيت من نفس المشكلة. أحتاج إلى ثلاثة بنطلونات وأحذية وجوارب وخمسة قمصان وبدلتين وفرشة ومعجون الأسنان وأمواس وكريم الحلاقة. يجب أن تكون الملابس من القطن. خذ راحتك! هل يعجبك هذا البنطلون. جرِّبه في المقصورة! هات الفاتورة! هذا رخيص جدًّا. يجب عليّ أن اشتري أشياء أخرى .

Lektion 25

L 1

عندي أكثر / أقلّ من عشرين درساً في الأسبوع.

نعم، زرت ذلك البلد أكثر من خمس مرّات.

زرت حتى الآن أكثر من أربعين بلداً.

عندي أكثر من خمسة أصدقاء عرب.

قرأت حتى الآن أكثر من ثلاثين كتاباً عربياً.

أدرس اللغة العربية منذ أقلّ من سنتين.

كنت على شاطىء البحر أكثر من أسبوعين.

أسكن في هذا البيت منذ أكثر من شهر.

كنت أشتغل في المكتبة أقلّ من خمس ساعات.

لا، قرأت هذا الخبر في أكثر من ست جرائد.

اشتريت أكثر من مائة نسخة.

كتبت أقلّ من عشر رسائل.

لا، أحبّ أنْ أشرب أكثر من ست كؤوس.

حضر الحفلة أكثر من ألف شخص.

L 4

محاضرة (III)، سؤال (I)، دراسة (I)، انتظار (VIII)، تأهيل (II)، تبادل (VI)، تعليم (II)، تعاون (VI)، اقتصاد (VIII)، مناقشة (III)، مناسبة (III)، توسيع (II)، توقيع (II)، برد (I)، تخصّص (V)، مراجعة (III)، تسجيل (II)، تأسيس(II)، تحسين (II)، تصريح (II)، مساهمة (III)، تشاور (VI)، تطوّر (V)، توتّر (V)، افتتاح (VIII)، استقبال (X)، اقتراح (VIII)، مباراة (III)، مسابقة (III)، مصارعة (III) ، ملاكمة (III)، امتحان (VIII)

G 1

تلك البضاعة أرخص.

تلك الدولة أقوى.

ذلك الواجب أصعب.

ذلك أسهل.

تلك الشنطة أخف.

ذلك النوع أجود.

تلك البلدان أبعد.

تلك الأجهزة أحدث.

أولئك الرجال ألطف.

تلك الغرفة أنظف.

أولئك الطلاّب أنشط.

تلك الجامعة أقدم.

تلك العائلة أغنى.

ذلك الموديل أغلى.

ذلك الرجل أقوى.

تلك المدينة أكبر.

تلك الكمية أقل.

تلك القرية أقرب.

تلك النتيجة أحسن.

ذلك القطار أسرع.

تلك السياسة أسوأ.

ذلك الولد أصغر.

ذلك الشخص أطول.

تلك المشروبات أطيب.

تلك الفتاة أجمل.

G 2

صديقنا السوري أنشط من الأصدقاء الآخرين.

هذا الطالب ألطف من الآخر.

عندي كتب أكثر من الكتب الموجودة عندك.

هذا الجامع أقدم من الآخر/ من الجوامع الأخرى.

هذا البلد أغنى بالنفط من البلد الآخر.

هذه المناقشة أهم من المناقشة الأخرى.

هذه الأحذية أغلى من الأحذية الموجودة عندك.

هذه الفتاة أجمل من الأخرى.

الجهاز الموجود عندي أحدث من الموجود عندك.

هذه المشكلة أصعب من الأخرى.

صديقك أطول من الآخر.

اشتريت كمية أقلّ ممّا اشتريته أنت.

هناك ثروات طبيعية أكثر من الثروات الموجودة في هذا البلد.

هذه البضاعة أسوأ من البضاعة التي رأيتها أمس.

هذه البيوت أصغر من البيوت التي تحدثنا عنها أمس.

هذا الجهاز أرخص من الجهاز الآخر.

G 3

هذا أقصر الطرق.

هذا أجود الأنواع.

هذه أسرع السيارات.

هي أطول فتاة.

هذا أصح الأجوبة.

هو أطيب شخص.

هم ألطف الأشخاص.

لعب المنتخب أعظم مباراة.

هذه أجمل المناطق.

بعثت له بأخلص تحياتي.

عنده أحدث الآلات.

هذه أقرب القرى.

هم أقوى الرجال.

جاء أكبر عدد منهم من الخارج.

اشتريت أغلى معطف.

هو أنشط سياسي.

هذه أهم مشكلة.

زرنا اعلى الأماكن في الجبال.

هذه أسرع الطائرات.

هذه أسهل الجمل.

هذه أقرب المدن.

هذا أنشط الطلّاب.

هذه أخف الحقائب.

G 4

هذا السياسي أكثر شعبية من السياسين الآخرين.

مآذن الجوامع أكثر ارتفاعاً من بيوت المدينة.

أنتم أكثر اجتهاداً منّا.

أسعار الموديلات الجديدة أكثر ارتفاعاً من أسعار الموديلات القديمة.

هذا الفرع الاقتصادي أكثر إنتاجية من الفروع الأخرى .

المنطقة الغربية أكثر خصوبة من المنطقة الشرقية.

أنا أكثر تعباً منكم.

ذلك المشتى أشهر من المشاتي الأخرى.

الطقس هناك أكثر اعتدالاً من الطقس عندنا.

هذه المشكلة أكثر تعقيداً (أعقد) من جميع المشاكل الأخرى.

السائقون اللبنانيون أكثر مهارة من السائقين في البلدان الأوربية.

Komplexübung:

1.

هذه الكمّية أقل. هذه القرية أقرب. هذه النتيجة أحسن. هذا القطار أسرع. هذه السياسة أسوأ. هذا الولد أصغر. هذا الشخص أطول. هذه المشروبات أطيب. هذه الفتاة أجمل. هذه البضاعة أرخص. هذه الدولة أقوى. هذا الواجب أصعب. هذا أسهل. هذه الشنطة أخف.

هذا النوع أجود. هذه البلدان أبعد. هذه الأجهزة أحدث. هؤلاء الرجال ألطف. هذه الغرفة أنظف. هؤلاء الطلاّب أنشط. هذه الجامعة أقدم. هذه العائلة أغنى. هذا الموديل أغلى. هذا الرجل أقوى. هذه المدينة أكبر.

2.

جاء أكبر عدد منهم من الخارج. اشتريت أغلى معطف. هو أنشط سياسي. هذه أهم مشكلة. زرنا أعلى مكان في الجبال. هذه أسرع الطائرات. هذا أقصر الطرق. هذا أجود الأنواع .هذه أسرع السيّارات. هي أطول فتاة. هذا أصح الأجوبة. هو أطيب شخص. هم ألطف الأشخاص. لعب المنتخب اعظم مباراة. هذه أجمل المناطق. بعثت له بأخلص تحياتي. عنده أحدث الآلات. هذه أقرب القرى.

3.

صديقنا السوري أنشط من غيره. هذا الطالب ألطف من غيره. عندي كتب أكثر من غيري. هذا الجامع أقدم من غيره. هذا البلد أغنى بالنفط من غيره. هذه المناقشة أهم من غيرها. هذه الأحذية أغلى من غيرها. هذه الفتاة أجمل من غيرها. الجهاز الموجود عندي أحدث من غيره. هذه المشكلة أصعب من غيرها. صديقك أطول من غيره. اشتريت كمية أقلّ من غيري. هناك ثروات طبيعية أكثر من غير هذا المكان. هذه البضاعة أسوأ من غيرها. هذه البيوت أصغر من غيرها. هذا الجهاز أرخص من غيره.

4.

هذا أكثر السياسيين شعبية. هذه أكثر الجبال ارتفاعاً. أنتم أكثر الناس اجتهاداً. هذه أكثر الأسعار ارتفاعاً. هذا أكثر الفروع الاقتصادية إنتاجية. هذه أكثر المناطق خصوبة. ذلك أشهر الرؤساء. هذه أكثر المشاكل تعقيداً/ أعقد المشاكل. هذه أكثر السياسات اعتدالاً.

5.

يحتلّ عدد من البلدان العربية مكاناً بارزاً في الاقتصاد العالمي بسبب ثرواتها النفطية. تبلغ حصتها من مجموع الاحتياطي العالمي أكثر من ثلثين. إن نفقات الاستخراج في العالم العربي أقلّ بكثير ولهذا السبب فإن الاستخراج أكثر إنتاجية بكثير من غيره في البلدان الأخرى. إن البلدان العربية المنتجة للنفط هي أكثر البلدان تأثيراً في منظمة الدول المنتجة

للنفط. إنها لا تبيع النفط الخام فقط وإنما ايضاً مشتقات النفط بأنواعها المختلفة مثل المنتجات البلاستيكية والبنزين والأسمدة إلخ. وتوجد في الكثير من هذه البلدان موانئ حديثة وناقلات النفط العملاقة ومصافٍ حديثة وشبكة واسعة من خطوط البترول. وتتمتّع المغرب وتونس في مجال استخراج الفوسفات بأهمية كبرى في الإنتاج العالمي. وتوجد إضافة إلى ذلك ثروات أخرى مثل النحاس والرصاص والزنك والكبريت.

Lektion 26

L 2

لم أزره ولو مرّة واحدة.

لم أكن هناك ولو مرّة واحدة.

لم أكن هناك ولو ساعة واحدة.

لم أكن هناك ولو يوماً واحداً.

لم أر هناك ولو شخصاً واحداً.

لم أعطه ولو ماركاً واحداً.

لم أقدّم له ولو كأساً واحدة.

لم أقابل هناك ولو صديقاً واحداً.

لم أقرأ ولو كتاباً واحداً.

لم يتمكن من الإجابة ولو على سؤال واحد .

L 3

أتت النار على البيت. تقاسم الثعلب والأسد الغنيمة / الفريسة بينهما. غنمت الجيوش غنيمة وافرة. حمل الصياد صيده / قنصه إلى البيت. أصبحت الأسلحة في حوزة العدو. أصبحت الدولة صيداً يسيراً لأعدائها .

G 3

جئت إليك لو كان عندي وقت.

اشتريت ذلك لو كانت عندي نقود.

ذهبت إلى هناك لو كان هو هناك.

كنت أستطيع أن أفعل ذلك لو كان مجتهداً.

طلبت منه ذلك لو كان عندي وقت.

سمحت له بذلك لو كان هناك.

حاولت ذلك لو أنهيت العمل.

دبّرت لك ذلك لو كنت هناك.

شرحت لك ذلك لو كنت مجتهداً.

تحدّثت معه لو كان هناك.

زرته لو كان عندي رقت.

فعلت ذلك لو كانت عندي نقود.

G 4

إذا لم تكن عندي نقود لا أشتري الكتب.

إذا لم يرافقني أحد لا أذهب إلى هناك.

إذا لم يكن الطقس جميلاً لا نقوم بالنزهة.

إذا لم تكن مجتهداً لا نوفدك إلى الخارج للدراسة.

إذا لم تدبّر لي الاستمارات لن أسافر يوم الجمعة.

إذا لم تقرأ هذا الكتاب لم تعرف القضية.

إذا لم تتعلّم الكلمات الجديدة لا تستطيع أن تترجم الأسئلة.

إذا لم تعطني الكتاب العربي لا أعطيك الكتاب الفرنسي.

إذا لم أنه العمل لن أجيء إليك.

إذا لم تشترك أنت في المؤتمر لا أشترك أنا في المؤتمر أيضاً.

إذا لم أقابل الأصدقاء لا يمكنني أن أطلعهم على القضية .

G 5

سأنهي العمل ولو عملت ١٦ ساعة.

أدبّر الأعمال ولو سافرت إلى هناك مرّة ثانية أو ثالثة .

سأحضر الحفلة ولو لم يحضرها أصدقائي .

أفعل ذلك ولو فعلت ذلك وحدي.

سوف لا أنهي العمل لو لم يساعدني صديقي .

نقوم بنزهة ولو لم يكن الطقس جميلاً.

نتحدّث حول هذه الخطة ولو لم يكن جميعهم موجودين.

نقاوم أعداءنا ولو كانوا أقوياء.

نحاول ذلك ولو كان الوصول إلى هناك صعباً .

Komplexübung:

1.

إذا نام الأسد أصبح الثعلب شجاعاً (تشجع الثعلب). لم يشتر ولو كتاباً واحداً. إذا كانت الغنيمة صغيرة كانت المناقشة حول توزيعها طويلة (إذا صغُرت الغنيمة طالت المناقشة حول توزيعها). إذا كثر الطباخون فسد اللحم. لم يستطع أن يجيب ولو على سؤال واحد. سأكتب لك رسالة حين وصولي إلى دمشق. إذا فعلت ذلك لن أزورك أبداً. لو كانت عندي نقود لسافرت إلى القاهرة. إذا بعث لي القاموس العربي أعطيك مائة مارك والقاموس الأنكليزي. إذا لم يكن الطقس جميلاً نذهب بالقطار. إذا لم تتعلم الكلمات الجديدة لا تستطيع أن تقرأ النصوص أو أن تترجمها . نحاول أن ننجز العمل حتى ولو لم يساعدنا أحد. لو أتيت في الوقت المحدد لقدّمنا لك القهوة والفواكه. لو كنت صبوراً كالجمل لكتبت كلّ الكلمات .

2.

Wenn du kaufst, was du nicht brauchst, dann hast du verkauft, was du brauchst. Wenn die Katze aus dem Hause ist, tanzen die Mäuse auf dem Tisch. Weißt du, daß wir unter dem Gesetz des Dschungels (des Stärkeren) leben? Keiner ist in der Lage, sich gegen die Befehle des Löwen zu stellen oder gegen sie zu verstoßen. Laß uns auf Gott vertrauen. Störrisch wie ein Esel. Ausdauernd wie ein Kamel.

3.

غزال، أرنب، بوم، فأر، قط، عصفور، بط، قرد، كلب، حمار، طير، ناموس، فيل، ثعبان / حية، دود، بقر

4.

بعد مغادرة البلد / بعد زيارة المتحف / بعد الذهاب إلى المرفأ / بعد الوصول إلى هناك / قبل شرح المعالم / قبل كتابة الرسالة / قبل تقديم الهدية / قبل إنجاز مهماته / قبل إغلاق المدارس / قبل الحصول على النقود / قبل مناقشة المشروع / منذ انتهاء المؤتمر / منذ إلغاء الزيارة / منذ تغيّر البرنامج / حتى وصول القطار / حتى عودة الوفد

5.

تشاور، تطوير/ تطوّر، عودة، توتّر، افتتاح، استقبال، اقتراح، تحسين/ تحسّن، ارتياح، إغلاق، استثناء، زيادة، مواصلة، تجديد، تصديق، إعداد، مسابقة / سباق / مباراة، مصارعة، ملاكمة، امتحان، نجاح، اجتماع، محاضرة، دراسة، تأهيل، تبادل، تعليم، تعاون، اقتصاد، مناقشة، توسيع، توقيع، تخصّص، مراجعة، استشراق، اعتذار، تسجيل، تأسيس، حضور

Lektion 27

L 2

a) Meine Freunde kommen erst am Sonnabend.
b) Außer Montag kann ich jeden Tag zu dir kommen.
c) Die Studenten beendeten die Übungen bis auf eine.
d) Ich fahre erst am Sonntag, obwohl ich die Arbeit bis morgen beenden werde.
e) Die Niederlage des deutschen Klubs ist nur ein Beweis dafür, daß sich das Niveau des Fußballs in Algerien in den letzten Jahren stark entwickelt hat.

L 5

رئيس الوزراء، وزير الخارجية، وزير الداخلية، وزير الزراعة، وزير العمل، وزير الدفاع، رئيس لجنة العلاقات الخارجية، سفير الولايات المتحدة الأمريكية، القائم بالأعمال في السفارة الكندية، رئيس الحزب الديمقراطي، الأمين العام للحزب الوطني، رئيس المراسيم

L 6

المنطقة الغربية أكثر خصوبة من المنطقة الشرقية.

أنا أكثر تعباً منكم.

ذلك المشتى أكثر شهرة (أشهر) من المشاتي الأخرى.

الطقس هناك أكثر اعتدالاً من الطقس عندنا.

هذه المشكلة أكثر تعقيداً (أعقد) من جميع المشاكل الأخرى.

السائقون اللبنانيون أكثر مهارة من السائقين في البلدان الأوربية.

هذا السياسي أكثر شعبية من السياسيين الآخرين.

مآذن الجوامع أكثر ارتفاعاً من بيوت المدينة.

أنتم أكثر اجتهاداً منّا.

أسعار الموديلات الجديدة أكثر ارتفاعاً من أسعار الموديلات القديمة.

هذا الفرع الاقتصادي أكثر إنتاجية من الفروع الأخرى .

G 1

لا يتعلق موقفنا إلاّ بموقفكم.

لا أحبّ من المشروبات إلاّ النبيذ الأبيض.

لا أشرب صباحاً إلاّ فنجاناً واحداً من القهوة.

لم نناقش إلاّ أهمّ المواضيع.

لا أدخّن إلاّ السجائر.

لا أدرس إلاّ اللغات والتاريخ.

لا يُشجَّع إلاّ الطلاّب المجتهدون.

لا يوفَد إلاّ الطلاّب المجتهدون.

لم يشترك في المؤتمر إلاّ الخبراء البارزون.

لم يرجع إلاّ في الساعة الحادية عشرة.

G 2

لا أشتري الكتب إلاّ إذا كانت عندي نقود.

لا أذهب إلى هناك إلاّ إذا رافقني أحد.

لا نقوم بالنزهة إلاّ إذا كان الطقس جميلاً.

لا نوفدك إلى الخارج للدراسة إلاّ إذا كنت مجتهداً.

لن أسافر يوم الجمعة إلاّ إذا دبّرت لي الاستمارات.

لم تعرف القضية إلاّ إذا قرأت هذا الكتاب.

لا تستطيع أن تترجم الأسئلة إلاّ إذا تعلمت الكلمات الجديدة.

لا أعطيك الكتاب الفرنسي إلاّ إذا أعطيتني الكتاب العربي.

لن أجيء إليك إلاّ إذا أنهيت العمل.

لا أشترك في المؤتمر إلاّ إذا اشتركت أنت فيه.

لا يمكنني أن أطلعهم على القضية إلاّ إذا قابلت الأصدقاء.

G 3

جاء صديقنا عندما غادرنا البيت.

لم يجئ صديقنا إلاّ عندما غادرنا البيت.

تبدأ المحادثات من جديد عندما عاد الوفد من جولة.

لم تبدأ المحادثات من جديد إلاّ عندما عاد الوفد من جولة.

سافرت إلى هناك عندما استلمت النقود.

لم أسافر إلى هناك إلاّ عندما استلمت النقود.

أنجزنا واجباتنا حتى نهاية الأسبوع عندما ساعدتمونا.

لم ننجز واجباتنا حتى نهاية الأسبوع إلاّ عندما ساعدتمونا.

أفعل ذلك عندما تفعل أنت ذلك أيضاً.

لا أفعل ذلك إلاّ عندما تفعل أنت ذلك أيضاً.

بحثنا المشروع عندما طلبتَ منّا ذلك.

لم نبحث المشروع إلاّ عندما طلبتَ منّا ذلك.

لاحظوا عدة أغلاط عندما درسوا المشروع.

لم يلاحظوا عدة أغلاط إلاّ عندما درسوا المشروع.

سافرنا معهم عندما غيّروا البرنامج.

لم نسافر معهم إلاّ عندما غيّروا البرنامج.

قبل الدعوة عندما سمع أنّ جميع الأصدقاء سيشتركون في الحفلة.

لم يقبل الدعوة إلاّ عندما سمع أنّ جميع الأصدقاء سيشتركون في الحفلة.

كتبوا الرسائل عندما عادوا من ألمانيا.

لم يكتبوا الرسائل إلاّ عندما عادوا من ألمانيا.

G 4

غادرت كلّ الوفود المدينة إلاّ وفداً واحداً.

إفتح كلّ الشبابيك إلاّ شبّاكاً واحداً!

فهمت كلّ الأسئلة إلاّ سؤالاً واحداً.

قرأت كلّ الجرائد إلاّ جريدة واحدة.

أعرف كلّ البلدان العربية إلاّ بلداً واحداً.

كان كلّ المعلّمين هناك إلاّ معلّماً واحداً.

نسيت كلّ المواعيد إلاّ موعداً واحداً.

اتّفقوا على كلّ المواضيع إلاّ موضوعاً واحداً.

وافق كلّ المسؤولين على المشروع إلاّ مسؤولاً واحداً.

قابلت أمس كلّ الأصدقاء إلاّ صديقاً واحداً.

بعت كتبي كلّها إلاّ كتاباً واحداً.

أعطاني كلّ البطاقات إلاّ بطاقة واحدة.

دعونا كلّ الفتيات إلى الحفلة إلاّ فتاة واحدة.

G 5

تلك الجامعة أقدم.

تلك العائلة أغنى.

ذلك الموديل أغلى.

ذلك الرجل أقوى.

تلك المدينة أكبر.

تلك الكمية أقل.

تلك القرية أقرب.

تلك النتيجة أحسن.

ذلك القطار أسرع.

تلك السياسة أسوأ.

ذلك الولد أصغر.

ذلك الشخص أطول.

تلك المشروبات ألذ.

تلك الفتاة أجمل.

تلك البضاعة أرخص.

تلك الدولة أقوى.

ذلك الواجب أصعب.

ذلك أسهل.

تلك الشنطة أخف.

ذلك النوع أجود.

تلك البلدان أبعد.

تلك الأجهزة أحدث.

أولئك الرجال ألطف.

تلك الغرفة أنظف.

أولئك الطلاّب أنشط.

Komplexübung:

1.

اتصل بي في الساعة التاسعة إلاّ خمس دقائق! وصل القطار في الساعة الثانية إلاّ الربع. سنلتقي في الجامعة في الساعة الثامنة إلاّ الثلث. كنت في انتظارها أكثر من ساعتين. جاء أقلّ من خمسين ضيفاً. هذه القضية أكثر تعقيداً (أعقد) من كلّ القضايا الأخرى. الماكينة الجديدة أكثر إنتاجية من الماكينة القديمة ولكنها أيضا أكثر تعقيداً. لم نناقش إلاّ أهم المواضيع. لم يرجع إلى البيت إلاّ في الساعة الحادية عشرة في الليل. لا أدرس إلاّ المواد التي أحبُّها. لا أشرب في الصباح إلاّ فنجاناً واحداً من القهوة .

2.

Meine Freundin wird erst am Freitag zurückkommen. Ich rufe dich jeden Tag außer Montag an. Die Studenten haben die Übungen bis auf eine beendet. Ich fahre erst nächste Woche, obwohl ich die Arbeit bis morgen abschließen werde. Die Niederlage des deutschen Klubs ist nur ein Beweis dafür, daß sich das Niveau des Fußballs in Marokko in den letzten Jahren stark entwickelt hat.

3.

عزيزتي مريم

تحية طيبة وبعد

شكراً جزيلاً لتمنياتك بمناسبة حفلة زواجي وللهدية الجميلة. إنّني آسف أنّك لم تستطيعي أن تحضري الحفلة ولكنّني قد أحضر حفلة زواجك قريباً . كانت الحفلة جميلة جدًّا. جاء كلّ أقاربي إلاّ خالاً / عمّاً من أخوالي / أعمامي يعمل في الخارج.

إنّنا ذهبنا في الساعة العاشرة بالباص إلى الكنيسة وبدأ عقد الزواج في الساعة الحادية عشرة إلاّ الثلث. بعد ذلك ذهبنا كلّنا بالباص إلى فندق خارج المدينة وأكلنا هناك طعام الغداء في الساعة الواحدة وفي الساعة الرابعة شربنا القهوة وأكلنا الكعك وفي الساعة الثامنة طعام العشاء. وبعد ذلك رقصنا طويلاً وغنينا أغاني كثيرة. وفي الساعة الواحدة ليلاً سافرنا إلى

المطار لقضاء شهر العسل في إسبانيا. ودفع والداي مصاريف الرحلة التي استغرقت أسبوعين . وكانت الرحلة جميلة جدًّا . وأهدانا والدا زوجتي سيّارة .
رجونا اقاربنا ألا يعطونا إلاّ نقوداً لكي نستطيع أن نشتري الأشياء التي نحتاج إليها لتأثيث منزلنا الجديد بأنفسنا. إن صديقتي أنكه نسيت هذا عندما تزوجت ولذلك حصلت على أشياء كثيرة لم تكن تحتاج إليها .
هذا تقريري. مرّة أخرى شكراً جزيلاً للتمنيات الطيبة والهدية أيضاً باسم زوجي .
آمل أن أرقص في حفلة زواجك قريباً.

مع أطيب التحيات

صديقتك بيترا

Lektion 28

L 1

يصدر المعمل الإنتاج إلى ألمانيا. يستورد البلد البترول من السعودية. قاموا بجولة في البلاد. أوصى بتقديم المشروع. استقبلهم بعد ساعتين. اشترى من المخزن كتباً جديدة إضافة إلى شنطة وأقلام. أما بالنسبة إلى المؤتمر فهو ينعقد في هذا الفندق. هو أمام الباب. الطالب عند المدير. الطائرة فوق البحر. وصل إلى القاهرة. بعد أن تلفنت لمحمّد ذهبت إلى البيت. زرت المدير بعد زيارة المعمل. شرح لهم الوضع في المرحلة الأولى. كتبت الرسالة على ورقة حمراء. عثروا على آثار المدينة تسببت المناقشة في مشاكل كثيرة. كان الضيوف يفدون إلى المناطق السياحية. تشهد هذه المخطوطات على مستوى العلم في القرون الوسطى. أشرت إلى هذه المعلومات. لا نتقيد بهذه القواعد. اتفقوا على المشروع بعد محادثات طويلة. اختلف الرئيسان في قضايا أساسية .

L 2

ن س ب / ص ح ح / ب ي ع / م ك ن / ث ن ى / ع و د / و ر د / ق م م/ وف ى

/ م د د / م ر ر / و ق ت / خ ي ر / ط ر ح / ش ر ع / ح ي ل / أ م ر/ ن ت ج /

ص ف ى / ب ي ن / د ه و ر / ح و ج / ش ر ب / ج و ع / س أ ل / م د د

L 3

نهاية – بداية / صدّر – استورد / ممطر – مشمس / نجاح – فشل / سهول – جبال /

تقدّم – تخلف / صحيح – غلط / يسار – يمين / تعبان – نشيط / جهل – علم / جلس

– قام / استيراد – تصدير / ممكن – مستحيل / سريع – بطيء / بارد – حار / زواج –

طلاق / اتّفق – اختلف

L 4

(1 ما أجمل هذه التمارين!

(2 ما أصعب هذه الأسابيع!

(3 ما أعلى هذه الجبال!

(4 ما أطول هذة القوائم!

(5 ما أكبر هذا البطيخ!

(6 ما أوسع هذه الغرف!

(7 ما أقوى هؤلاء الرجال!

(8 ما أحلى هذا التمر!

(9 ما أسرع هذه السيّارة!

L 5

Der Präsident kam lachend mit dem neuen Vertrag in der Hand herein.
Meine Freundin ging lachend heraus.
Der Professor schlief im Sitzen/sitzend, und die Studenten schwatzten.
Der Schnellzug traf aus Berlin kommend ein.
Der Ministerpräsident verließ das Land in Richtung Österreich.
Der Student saß mit viel Geld in der Hand im Unterrichtsraum.
Der Student floh lachend, als er seinen Professor sah.
Er erklärte das Buch lange und schaute mich dabei an.
Der Direktor empfing mich, ohne ein Wort zu sagen.

Der deutsche Kanzler kam zur Pressekonferenz, als die Journalisten (schon) versammelt waren.
Als er nach Hause kam, schlief die Familie.
Er schaute sich den Wettkampf frierend an / und fror dabei.

G 2

وصلت الوفود إلاّ الوفد المصري.

قرأت كلّ الكتب إلاّ كتاباً واحداً.

تدهورت هذه الممالك إلاّ مملكة واحدة.

رفض كلّ الأديان إلاّ ديناً واحداً.

قرأ الوزير كلّ العقود إلاّ عقدين.

يشترك الطلاّب في حفلات الزواج إلاّ طالباً ألمانياً.

انسحبت الوحدات إلاّ وحدة أمريكية.

نام كلّ الضيوف إلاّ ضيفين.

G 3

كان الطقس بارداً. كان المعلّم جديداً. كانت الحفلة جميلة. كان هؤلاء الرجال معلّمين. كان الطلاّب مجتهدين. كان القلم ممتازاً. كان الحوار طويلاً. كان الدرس مملاّ. كان التمرين بسيطاً. كان هناك ضيوف كثيرون. كانت حفلة الزواج جميلة. كان الحبّ شديداً. كان الأسد قوياً .كان السؤال صعباً.

G 4

لم يكن الطقس باردا. لم يكن المعلّم جديداً. لم تكن الحفلة جميلة. لم يكن هؤلاء الرجال معلّمين. لم يكن الطلاّب مجتهدين. لم يكن القلم ممتازاً. لم يكن الحوار طويلاً. لم يكن الدرس مملاّ. لم يكن التمرين بسيطاً. لم يكن هناك ضيوف كثيرون. لم تكن حفلة الزواج جميلة. لم يكن الحبّ شديداً. لم يكن الأسد قوياً. لم يكن السؤال صعباً.

G 5

ليس الطقس بارداً. ليس المعلّم جديداً. ليست الحفلة جميلة. ليس هؤلاء الرجال معلّمين. ليس الطلاّب مجتهدين. ليس القلم ممتازاً. ليس الحوار طويلاً. ليس الدرس مملاّ. ليس التمرين

بسيطاً. ليس هناك ضيوف كثيرون. ليست حفلة الزواج جميلة. ليس الحبّ شديداً. ليس الأسد قويا .ليس السؤال صعباً.

G 6

إذا لم تقرأ هذا الكتاب لم تعرف القضية.

إذا لم تتعلّم الكلمات الجديدة لا تستطيع أن تترجم الأسئلة.

إذا لم تعطني الكتاب العربي لا أعطيك الكتاب الفرنسي.

إذا لم أنه العمل لن أجيء إليك.

إذا لم تشترك أنت في المؤتمر لا أشترك أنا في المؤتمر أيضاً.

إذا لم أقابل الأصدقاء لا يمكنني أن أطلعهم على القضية .

إذا لم تكن عندي نقود لا أشتري الكتب.

إذا لم يرافقني أحد لا أذهب إلى هناك.

إذا لم يكن الطقس جميلاً لا نقوم بنزهة.

إذا لم تكن مجتهداً لا نوفدك للدراسة إلى الخارج.

إذا لم تدبّر لي الاستمارات لن أسافر يوم الجمعة.

G 7

نقوم بنزهة حتى ولو لم يكن الطقس جميلاً.

نتحدّث حول هذه المشكلة حتى ولو كان جميعهم موجودين.

نقاوم أعداءنا حتى ولو كانوا أقوياء.

نحاول ذلك حتى ولو كان الوصول إلى هناك صعباً .

سأنهي العمل حتى ولو عملت ١٦ ساعة.

أدبّر الأعمال حتى ولو سافرت إلى هناك مرّة ثانية أو ثالثة .

سأحضر الحفلة حتى ولو لم يحضرها أصدقائي .

أفعل ذلك حتى ولو فعلت ذلك وحدي.

سوف لا أنهي العمل حتى ولو ساعدني صديقي .

G 8

هو أكثر اجتهاداً مما تسمح به الشرطة.

هو مشيا أسرع من السيّارة.

بنطلونه أكثر بياضاً من قميصه .

تعرف أكثر من معلّمها.

لا أحد يفوقه حمقاً.

Komplexübung:

تعلّمت إلى الآن الأبجدية العربية والجمل الاسمية والفعلية والأفعال الصحيحة والمعتلّة والجزم وأوزان الأفعال والمفرد والجمع السالم والمكسّر والإضافة (المضاف والمضاف إليه) وصيغتي المعلوم والمجهول والأعداد العربية والمصدر واسم التفضيل (أفعلُ التفضيل) والجمل الشرطية والاستثناء والمفعول به والكثير من الكلمات وقرأت نصوصاً حول التاريخ العربي والإسلام والسياسة والاقتصاد والنفط وحول الزراعة والصحراء والرياضة والأمثال العربية إلخ ولعبت أدواراً كثيرة في الحوارات / في التحاور باللغة العربية. كما كان يجب عليّ أن أكتب رسائل (كثيرة) وسيرة حياتي (أيضاً) باللغة العربية.

وأعرف الآن أنّه لا يمكن أن أتعلّم هذه اللغة إلاّ إذا حضرت الدروس دائماً وإلاّ إذا أنجزت كلّ التمارين التي كُلّفتَ بإنجازها في البيت. ولكنّني تعلّمت أيضاً كيف أعتذر إذا استحال حضوري أحياناً لأنّ القطار تأخر أو لأنّ والدي احتفل للمرّة الخامسة بمناسبة عيد ميلاده الخمسين .وأعرف كذلك بعض الأمثلة العربية مثل

إذا غاب القط لعب الفأر. العاشق حمار. / عين المحب عمياء. إذا كثر الطباخون فسد اللحم. ابن البط عوّام.

لكنّني لم أتعلّم شتائم ولعنات باللغة العربية ولا بد من أن أسأل معلّمي عنها قبل الامتحانات النهائية لكي أعرف على الأقلّ البعض منها إذا كنت بحاجة إليها بعد الامتحان. والآن آمل أن أنجح في الامتحانات النهائية.